Das Elsaß-Lothringische
Katastergesetz

vom 31. März 1884 und das Gesetz vom 6. April 1892

betreffend

Abänderung des Katastergesetzes sowie Ausgleichung der Grundsteuer.

Text mit französischer Uebersetzung und Anmerkungen

von

Dr. Wilhelm Gunzert,

Mitglied des Landesausschusses.

Lois sur le Renouvellement du Cadastre

EN ALSACE-LORRAINE

DU 31 MARS 1884

ET SUR LA PÉRÉQUATION DES IMPOTS FONCIERS

DU 6 AVRIL 1892.

TEXTE ALLEMAND ET TRADUCTION FRANÇAISE

AVEC ANNOTATIONS

PAR

GUILLAUME GUNZERT

Député à la Délégation.

Straßburg,

Verlag von Karl J. Trübner.

1892.

Vorbemerkungen.

Das elsaß-lothringische Kataster besteht bereits fast zwei Menschenalter. Die zur Anfertigung von Pläne und Mutterrollen ausgeführten Arbeiten fallen zum Theil in die Zeit vor der Verordnung vom 3. Oktober 1821, wodurch das Messungswesen auf bessere Grundlage gestellt wurde, in den meisten Gemeinden sind sie jedoch nach dieser Verordnung, und besonders nach dem Reglement vom 15. März 1827, zur Durchführung gelangt; letzteres Reglement bietet indessen in Folge der vervollständigten Bestimmungen über die Art und Weise die Vermessung vorzunehmen genügende Bürgschaft für die Güte der Arbeit.

Bedenkt man, daß in diesem Jahrhundert, besonders in den letzten 30 Jahren, eine nicht geringe Anzahl von Eisenbahnen, Kanälen und Straßen entstanden sind, daß die großen Gütercomplexe meistens parzellirt worden sind, sodaß der Besitzwechsel ein sehr reger gewesen ist, so kann man sich ein ungefähres Bild darüber entwerfen, was für zahlreiche Irrthümer sich in das Kataster eingeschlichen haben können.

Die vorhandenen Irrthümer sind hauptsächlich auf den Mangel an einschlägigen Bestimmungen über die Fortführung des Katasters zurückzuführen, so daß die Eintragung der allmälig

Observations préliminaires.

Le cadastre d'Alsace Lorraine remonte à près de deux générations. Les travaux de confection des plans et matrices sont en partie antérieurs à l'ordonnance du 3 octobre 1821, qui a eu pour but de leur imprimer plus de régularité, mais ils ont été exécutés, en grande partie, après cette ordonnance et après le règlement du 15 mars 1827, qui a organisé les opérations d'arpentage de façon à donner des garanties sérieuses pour les résultats consignés dans les documents cadastraux.

Si l'on considère que dans le siècle actuel et surtout dans les trente dernières années, il a été construit un grand nombre de routes, de canaux, de chemins de fer, que les grandes propriétés ont été en partie morcelées, de sorte que les mutations ont été très nombreuses, on peut se faire une idée du grand nombre d'erreurs que le cadastre peut contenir. Ces erreurs proviennent principalement des lacunes regrettables qui existaient dans la législation et dans l'absence de prescriptions efficaces pour assurer la transcription

vorgekommenen Besitzwechsel nicht regelmäßig stattgefunden hat. Den Erwerbern und Verkäufern von Grundstücken wurde zwar aufgegeben, eine Erklärung hierüber vor dem Bürgermeister abzugeben, die Erfüllung dieser Verpflichtung wurde jedoch nicht durch Strafe oder fühlbare Rechtsnachtheile erzwingbar gemacht, der Verkäufer blieb einfach nach wie vor für die Grundsteuer der veräußerten Parzelle haftbar.

Die Verwaltung konnte ihrerseits auf die fraglichen Anmeldungen überhaupt nicht rechnen, sondern sie mußte sich fortwährend bemühen, die Veränderungen selbst aufzusuchen und zwar durch Beihülfe der Steuercontrolöre und der Enregistrementseinnehmer. Wenn nun das Kataster die Eigenschaft haben soll, sowohl im privaten wie im öffentlichen Interesse bestimmte Anhaltspunkte zu geben, so kann es nicht im Belieben der einzelnen Interessenten überlassen bleiben, ob sie die Erhaltung dieser Eigenschaft durch Abgabe ihrer Erklärungen ermöglichen wollen oder nicht.

Bei Parzellirungen brauchte die Art der Veränderungen nicht durch Vermessung auf dem Felde festgestellt werden; es war den Interessenten ausdrücklich freigestellt, jede ihnen richtig erscheinende Erklärung über die Kulturart und Klasse der vertheilten oder abgekauften Parzellen abzugeben.

Ein Hauptmangel des seitherigen Fortschreibungs-Verfahren bestand darin, daß die Veränderungen nur in der Mutterrolle und nicht in den Sectionsbüchern einzutragen waren, was den Nachtheil zur Folge hatte, daß ein der Gegenwart entsprechendes Verzeichniß der Parzellen ihrer topographischen Lage nach vollständig fehlte.

Ein weiterer Grund von Unklarheiten bestand in der Bei-

fidèle de toutes les modifications que subissait la propriété. Les vendeurs et les acquéreurs avaient bien l'obligation de faire, à la mairie, la déclaration de la mutation, mais l'absence de cette déclaration n'entraînait d'autre peine contre les vendeurs que l'inconvénient de continuer à être imposés au rôle et de pouvoir être contraints au paiement de l'imposition foncière.

L'administration elle-même ne pouvait pas compter sur la régularité de ces déclarations et était obligée de faire rechercher les changements de propriété par les contrôleurs des contributions directes et par les receveurs d'enregistrement. Or du moment que le cadastre doit servir, tant dans l'intérêt public que dans l'intérêt privé, à indiquer les propriétaires des immeubles, il ne saurait être laissé au libre arbitraire des parties intéressées le soin de lui conserver tant soit peu d'exactitude, au moyen de déclarations qu'elles peuvent faire ou négliger de faire. En cas de partage d'une parcelle, les changements qui en étaient la conséquence n'avaient pas besoin d'être fixés par un arpentage sur le terrain; les parties étaient libres de faire telles indications qu'elles jugeaient à propos sur le genre de culture, la classe et la nouvelle configuration de la parcelle.

Le défaut capital dans le mode de constater les mutations consistait dans la prescription que les changements ne devaient être notés que dans la matrice cadastrale et non dans

behaltung derselben Nummer ohne zusätzliche Numerirung bei Vertheilung von Parzellen. Es wird diesem Uebelstand durch Beifügung eines Bruches (z. B. 12_2, 12_4, 12_6) abgeholfen. Dadurch wird der Zusammenhang mit der Vergangenheit nicht aufgehoben.

Die Ertragsfähigkeit der einzelnen Grundstücke hat im Laufe der Zeit durch anderweite Art der Benutzung, durch natürliche Einflüsse, durch Umgestaltung der Verkehrsverhältnisse zum Theil sehr erhebliche Aenderungen erfahren. Bei der Einschätzung zur Zeit der Errichtung des Katasters hat eine eigentliche Ausgleichung der Ergebnisse zwischen den verschiedenen Gemeinden auch nicht stattgefunden, sodaß die Vertheilung der Grundsteuercontingente mithin von vornherein eine ungleichmäßige gewesen ist.

Diese verschiedene, im Allgemeinen anerkannten Uebelstände, worüber fortwährend Beschwerde geführt wurde, veranlaßten die französische Regierung, im Jahre 1846, den Generalräthen einen Entwurf über ein neues Katastergesetz zur Aeußerung vorzulegen. Dasselbe ist aber heute noch nicht in Frankreich zu Stande gekommen, obschon im Finanzgesetze vom 3. August 1875 der Regierung aufgegeben wurde, in dem Finanzgesetze des nächsten Jahres einen neuen Plan zur Vertheilung der Grundsteuer-Hauptsummen vorzulegen, worauf zwar in den Jahren 1876 und 1877 Entwürfe eines solchen Gesetzes den gesetzgebenden Kammern zugegangen sind, aber ohne jeglichen Erfolg. Nach dem Entwurfe von 1877 sollten die Eigenthümer auf fakultative Versteinung besonders hingewiesen werden, jeder dieser Entwürfe enthielt auch ausführliche Bestimmungen über Steuerausgleichung bezw. Fortschreibung des Katasters.

le livre de sections, ce qui avait pour conséquence qu'il n'existait pas de document descriptif des parcelles indiquant en même temps que leur situation topographique les noms des propriétaires.

Une autre cause de confusion provenait de la conservation du numéro primitif de la parcelle, en cas de partage, pour toutes les parties de l'immeuble. Par l'adjonction d'une fraction (p. ex. 12_2, 12_4, 12_6) au numéro primitif, la cause de la confusion disparaît à l'avenir; ce procédé permettra plus tard de déterminer comment s'est effectué le partage de la parcelle.

L'état de rendement de chaque immeuble a subi, dans la suite des temps, des modifications très importantes résultant de changements de culture, d'améliorations agricoles, de nouveaux moyens de transport. Lors de la répartition de la contribution foncière, il n'avait pas en outre été tenu compte de la nécessité de péréquation, ce qui avait entraîné des irrégularités dans la répartition entre les différentes communes.

Tous ces inconvénients ont fait l'objet de plaintes constantes et ont amené le gouvernement français à soumettre aux Conseils généraux, en 1846, un projet de loi sur le renouvellement du cadastre dans un espace de temps de trente ans. Dans la loi de finance du 3 août 1875 le gouvernement fut invité à préparer le projet d'une nouvelle répartition de

Die Bezirkstage und der Landesausschuß haben wiederholt dem Wunsche des Landes auf Berichtigung des Katasters ihren Ausdruck gegeben. Die Regierung ist diesen Wünschen nachgekommen, indem sie in der X. Session des Landesausschusses einen Gesetzentwurf vorlegte, der in etwas abgeänderter Fassung in der XI. Session angenommen wurde.

Jedesmal wo die Frage der Bereinigung des Katasters sich aufwirft, treten zwei Richtungen auf; die eine geht nach vollständiger Neuvermessung hin, wo hingegen die andere sich mit der einfachen Berichtigung, mit theilweiser Stückvermessung begnügt. Das erste System erscheint unzweifelhaft als dasjenige, das etwas mehr Vortheil bietet, indem durch eine Neuvermessung die Eigenthumsgrenzen mit mehr Bestimmtheit festgelegt werden, es bedingt aber einen unendlichen Zeitverlust und bewirkt, daß die Ausgleichung der Grundsteuer fast zur Unmöglichkeit wird. Der bedeutende Kostenaufwand, den er nach sich zieht, steht außerdem schwerlich den daraus zu erzielenden Vortheilen gleich.

Das Gesetz hat nun ein gemischtes System angenommen, das darin besteht, mit der Berichtigung des Katasters in allen Fällen vorzugehen, wo die vorhandenen Urkunden ohne Schwierigkeiten und ohne ihre Klarheit und Zuverlässigkeit einzubüßen, berichtigt werden können und Stückvermessungen der Gemarkungen nur da vorzunehmen, wo das vorhandene Material in keiner Weise mit Erfolg zu benutzen ist. Auf Wunsch der Gemeinden, wird eine fakultative Gemarkungs- und Gewannsfestlegung mit der Katasterberichtigung verbunden und zwar im Anschluß an die Landesvermessung.

Zur Begründung ihrer Ansichten, behaupten die Anhänger

contribution foncière ; de pareils projets furent soumis aux Chambres législatives de 1876 et 1877. Dans ces projets on appelait l'attention des propriétaires sur les avantages de l'abornement préalable de leurs parcelles ; ils devaient être prévenus de l'opération, dès qu'elle était décidée, par une affiche apposée à la mairie, *afin qu'ils puissent se mettre en mesure de justifier de leurs titres et faire, s'ils le jugeaient à propos, aborner leurs propriétés.*

Dans une série de sessions, les Conseils généraux et la Délégation d'Alsace-Lorraine ont émis le vœu de voir renouveler le cadastre des communes. Le gouvernement a fait droit à ces vœux, en présentant à la fin de la Xe session de la Délégation un projet de loi qui, à raison de son importance, n'a pu être discuté que dans la session de 1883-84.

Or, chaque fois que se présente la question du renouvellement du cadastre, il se produit deux courants, l'un dans le sens d'un réarpentage général, l'autre dans le sens d'une révision seulement. Le premier système est incontestablement plus avantageux que le dernier, puisqu'il donne plus de fixité à la propriété immobilière; mais il occasionne des pertes de temps qui rendent la péréquation de l'impôt presque matériellement impossible et entraîne à d'énormes dépenses, qui ne paraissent pas être en rapport avec les avantages qu'il procure. La nouvelle loi sur le cadastre a adopté un système mixte, celui de la révision des cadastres, qui

einer allgemeinen Neuvermessung, diese Maßregel entspreche einem dringenden Bedürfniß der Landwirthschaft, deren Kreditverhältnisse sie verbessern solle, indem sie gleichzeitig als Grundlage für ein Grundbuch dienen könne, welches die Ausstellung regelrechter Eigenthumstitel für jeden Eigenthümer ermögliche, wodurch soviele Prozesse wegen Grenzstreitigkeiten zwischen benachbarten Grundbesitzern künftig vermieden würden.

Unbestrittenermaßen wäre es nicht zu unterschätzen, wenn allen Eigenthümern von Grundstücken neben ihren Eigenthumstiteln in dem Kataster ein Dokument geboten würde, welches neben der Lage und Größe auch die Begrenzung der Grundgüter sicherstellte. Mit Verwirklichung dieses Ideals würden viele Grenzstreitigkeiten ohne Verzug entschieden werden können. Dieses Ideal kann jedoch niemals mit Katasterdokumenten, sondern nur durch das Grundbuch erreicht werden.

Was die Hebung der landwirthschaftlichen Kreditverhältnisse anlangt, so besteht kein wesentlicher Unterschied zwischen der Neuvermessung und der einfachen Berichtigung. Erforderlich ist daß in beiden Fällen die Angaben des Katasters zur Feststellung der Identität der den Gegenstand eines Rechtsgeschäftes bildenden Immobilien Verwendung finden können, was durch die Bestimmungen über die Fortführung des Katasters ermöglicht wird. Viel weniger ist von Belang, ob diese Grundstücke in ihren Grenzen mathematisch genau bestimmt und in den Katasterkarten als solche verzeichnet sind; es kommt vielmehr hauptsächlich auf das Objekt in seiner Gesammtheit und dessen vollständig sichere Identifizirung an.

Was die Frage des Grundbuches betrifft, so ist der irrigen Auffassung entgegenzutreten, als könne ein Grundbuch, wie

présentent assez d'exactitude pour être utilisés et rectifiés sans trop de difficultés, et celui du réarpentage parcellaire des banlieues, là où les cadastres sont trop défectueux pour pouvoir être révisés avec avantage. La délimitation des banlieues et des confins peut en outre être jointe à l'opération de révision, si les communes le désirent, par la plantation de pierres bornes qui se rattachent à la triangulation du pays.

Les partisans de l'arpentage parcellaire général donnent la préférence à cette opération, parce qu'elle répond mieux, prétendent-ils, à un besoin urgent de l'agriculture de voir améliorer son crédit en même temps qu'elle sert de base au livre terrier, en ce qu'elle permet de délivrer à chaque propriétaire un titre de propriété en règle, qui le mette à l'abri des procès ruineux intentés par les propriétaires voisins. L'arpentage sert en même temps à déterminer d'une manière plus sûre les contenances des propriétés, tandis que les indications du cadastre actuel ne répondent pas toujours à la situation des immeubles sur le terrain.

Toutes ces objections n'ont qu'une apparence de fondement. La révision aussi bien que l'arpentage parcellaire exercent une heureuse influence sur le crédit agricole, car dans les deux hypothèses les dispositions de la nouvelle loi sur la conservation du cadastre ont pour effet de fixer avec assez de certitude l'identité des immeubles, pour permettre d'en faire l'objet de transactions. Il est moins nécessaire

solches die künftige Gesetzgebung bringen wird, nur auf der Grundlage einer Neuvermessung errichtet werden. Diese Ansicht entbehrt jeglicher Begründung, wie schon die Thatsache beweist, daß in denjenigen Staaten, wo ein Grundbuch eingeführt ist, die Stückvermessung nicht überall besteht oder wo eine solche stattgefunden hat, das bezügliche Kartenwerk keineswegs die hier vorhandenen Pläne, sofern dieselben erst berichtigt sind, an Güte übertrifft. Die Grundbuchsgesetzgebungen aller Staaten verfolgen in erster Linie den Zweck, neben den Belastungen das Eigenthumsrecht an den einzelnen Grundstücken sicher zu stellen. Zur einfachen und sichersten Bezeichnung der Immobilien bietet hierbei das Kataster, einerlei ob berichtigt oder neuaufgestellt in Folge einer Stückvermessung, die natürliche und beste Grundlage. Ein großes Gewicht muß in dieser Beziehung auf den Umstand gelegt werden, daß die Berichtigungsarbeiten in etwa 8 bis 10 Jahren durchgeführt werden können, so daß die Anlage des Grundbuches auf keine große Schwierigkeiten stoßen wird, wohingegen bei Einführung des Grundbuches die Neuvermessungsarbeiten höchstens für ein Viertheil der Grundstücke fertig gestellt sein würden, indem dieselben einen Zeitraum von 40 bis 50 Jahren in Anspruch nehmen.

Der Weg der Berichtigung ist übrigens um so richtiger, als der weitaus größte Theil der heutigen Katasterdokumente nach den eingehenden Untersuchungen zu diesem Zwecke thatsächlich mit Nutzen verwendet werden kann und dadurch der Staatskasse sowie den Gemeinden und Grundbesitzern bedeutende Kosten erspart bleiben. Nach den angestellten Ermittelungen, würden die Kosten einer Neuvermessung ohne Rücksicht auf die Kosten der Vermarkung, die auch vorzusehen wären, sich auf etwa 15

que les limites et la contenance soient indiquées avec une exactitude mathématique.

L'introduction du livre terrier ne présente pas plus de difficultés si l'on ne procède qu'à une simple révision, le livre terrier ayant été introduit facilement dans d'autres pays, où il n'existait pas de livres cadastraux basés sur un arpentage parcellaire. Le livre terrier a du reste pour but principal de préciser en dehors des charges les droits du propriétaire ; le cadastre peut dès lors servir, si ses indications sont exactes, de base naturelle lors de la confection du livre terrier et ses indications peuvent être exactes tout aussi bien après la révision du cadastre qu'après un arpentage parcellaire. Si les données du cadastre doivent pouvoir être utilisées, il est nécessaire de les rectifier dans un délai assez rapproché, puisque le pays est à la veille d'une modification radicale dans sa législation civile. La révision pourra être terminée dans un espace de temps de 8 à 10 ans et sera d'une utilité incontestable lors de l'introduction du livre terrier, qui devra indiquer d'une manière précise la contenance, les droits de propriété, de jouissance, de servitudes, ainsi que les autres charges qui grèvent chaque immeuble ; les travaux de réarpentage parcellaire ne pourraient au contraire être terminés qu'au bout de 40 à 50 ans, ce qui entraînerait un temps d'arrêt regrettable dans la confection du livre terrier.

Millionen Mark belaufen, wo hingegen diejenigen einer Berichtigung mit Neuvermessung des fünften Theiles der Gemarkungen ohne die Waldungen kaum vier Millionen Mark erreichen.

Dazu kommt, daß nach dem Gesetze etwaige über dieses Bedürfniß hinausgehende Wünsche auf Neuvermessung Berücksichtigung zu finden haben und daß überall da, wo der Zustand des Katasters eine Berichtigung nicht thunlich erscheinen läßt, Neuvermessungen von Amtswegen vorgenommen werden. Bei richtiger Handhabung der gesetzlichen Bestimmungen, wird sonach die Vereinigung des Katasters alle berechtigten Wünsche befriedigen.

Das mit der Vereinigung betraute Personal geht hierbei in folgender Weise zu Werk:

Zuerst stellt die Kommission durch ein Gutachten des Steuerkontrolörs oder in irgend anderer Weise fest, daß in dem in Frage stehenden Kataster die vorgekommenen Veränderungen nicht eine solche Verwirrung hervorgebracht haben, daß eine vollständige Erneuerung mittelst Neuvermessung der Parzellen nothwendig wäre. Nach Feststellung dieses Punktes, nachdem die Möglichkeit einer wirksamen Revision einmal anerkannt ist, beginnt man mit der Prüfung des Besitzstandes in dem Sektionsbuch, so wie er gegenwärtig aus der Katastermutterrolle hervorgeht. Die Vergleichung dieser beiden Dokumente ermöglicht schon die Feststellung einer gewissen Anzahl von Fehlern, welche im Laufe der Fortschreibung begangen worden sind und die Beseitigung einer großen Anzahl derselben. Auf Grund dieser Arbeit stellt man eine Uebersicht der Parzellen nach dem gegenwärtigen Stande in topographischer Ordnung auf. Ein hiermit speziell beauftragter Geometer vergleicht an Ort und Stelle

Le réarpentage général entraîne en outre une dépense de plus de 15 millions de marcs sans les frais d'abornement, tandis que la révision des cadastres des quatre cinquièmes des banlieues, avec arpentage parcellaire d'un cinquième, n'occasionnera qu'une dépense d'environ quatre millions.

Les communes ne sont enfin pas liées par la décision de la Commission du cadastre, si celle-ci n'entend faire procéder qu'à une simple révision; elles ont la faculté de demander un arpentage parcellaire, sauf à supporter dans ce cas une plus grande partie des frais.

Le personnel chargé des travaux de révision y procède de la manière suivante :

La Commission du cadastre examine d'abord au vu d'un rapport du contrôleur des contributions directes ou de tous autres documents, si les changements survenus dans la banlieue dont s'agit, n'ont pas produit un désordre tel qu'il soit nécessaire de procéder à un arpentage parcellaire général. Si la possibilité d'une simple révision est constatée, on procède à l'examen de l'état de possession d'après le livre de section et d'après les données de la matrice cadastrale. La comparaison de ces deux documents permet déjà de découvrir et de rectifier une grande quantité d'erreurs qui se sont glissées dans le cadastre pendant les opérations de mutation. On dresse ensuite, en s'appuyant sur ces données, un état superficiel des parcelles dans leur ordre topogra-

diese Uebersicht, sowie die Oelpause mit der wirklichen Lage der Dinge. Zur Erleichterung dieser Operation wird der Gemeinderath der Gemeinden, deren Gemarkung zu berichtigen ist, vorher ersucht, eine gewisse Anzahl von Personen, welche die Gemarkung am besten kennen, darunter gewöhnlich Feldhüter, zur Verfügung des Geometers zu stellen, um diesem die wünschenswerthen Aufklärungen zu geben. Gleichzeitig werden die Besitzer der Grundstücke benachrichtigt, damit sie ihr Eigenthum durch einen mit einem Besteckzettel versehenen Stock kenntlich machen, auf welchem nach Maßgabe des vorgeschriebenen Formulars ihr Name, derjenige der Nachbarn und der Inhalt der Parzelle angegeben sind, und wird ihnen anheimgestellt der Operation, falls nöthig, beizuwohnen. Nachdem dies geschehen, stellt der Geometer den Eigenthümer oder wenigstens den Besitzer einer jeden Parzelle fest. Zu gleicher Zeit vergleicht er den im Kataster angegebenen Flächeninhalt mit demjenigen des Grundstücks. Wenn ein merklicher Unterschied sich fühlbar macht, so muß er denselben durch Messung feststellen. Die in der Kulturart oder in der Begrenzung der Parzellen, in Folge von Theilungen oder Käufen, von Bauten, von Aenderungen in dem Lauf von Wasserflüssen, von Wege- und Eisenbahn- oder Kanalanlagen vorgekommenen Aenderungen werden notirt und eingemessen. Ueberall, wo neue Pläne bestehen, sind die Geometer angewiesen, dieselben möglichst zu benutzen.

Die von Geometern in dieser Weise ausgeführte Arbeit wird von den technischen Beamten geprüft. Die auf dem Katasterbüreau so erhaltenen Ergebnisse dienen zur Aufstellung von Karten bezw. Plänen, welche die Veränderungen in der Konfiguration der Parzellen in Beziehung auf die Einzeich-

phique. Le géomètre compare sur le terrain cet état, ainsi que le calque du plan avec l'état de possession actuel. Cette opération est facilitée par l'adjonction d'un certain nombre de personnes au courant de la situation des immeubles, entre autres du garde-champêtre, que le Conseil municipal met à la disposition du géomètre pour l'aider dans ses recherches. Les détenteurs des immeubles sont en même temps invités à les désigner au moyen d'un bulletin fixé au haut d'un bâton, et sur lequel se trouvent inscrits le nom du propriétaire, celui des voisins et la contenance de l'immeuble ; ils sont en outre invités à assister aux opérations s'ils le jugent convenable. Le géomètre détermine d'abord quel est le propriétaire ou au moins le détenteur de chaque immeuble ; il compare en même temps la contenance indiquée au cadastre avec la contenance réelle de l'immeuble ; s'il constate une différence notable entre les deux contenances, il doit procéder à un arpentage. Les changements dans la culture, les limites de parcelles à la suite de partages ou ventes, de constructions, de déviation de cours d'eau, de constructions de routes, chemins de fer ou canaux sont à déterminer par un arpentage. Partout où il existe des plans peu anciens, le géomètre doit les utiliser autant que possible.

Les travaux du géomètre sont ensuite vérifiés par les techniciens de la Commission du cadastre. Les résultats

nungen in den alten Katasterplänen erkennen lassen. Außerdem werden neue Katasterdokumente aufgestellt, einerseits in topographischer Ordnung, andererseits nach den Eigenthümern geordnet. Diese Verzeichnisse und Pläne liegen während eines gewissen Zeitraums auf dem Bürgermeisteramt offen, damit den Eigenthümern Gelegenheit zur Anbringung von Reklamationen wegen etwa noch vorhandener Irrthümer gegeben werde; außerdem werden den Inhabern Verzeichnisse mitgetheilt. Die so erhaltenen Dokumente gestatten es, in den Katasterbüchern genau jede Parzelle innerhalb des Gemeindebannes und den Namen ihres Eigenthümers zu finden. Mit einem Wort, die Angaben des revidirten Katasters bezeichnen jedes Immöbel mit einer hinreichenden Genauigkeit, um nicht den leisesten Zweifel über seine Identität zuzulassen. Jede Gemeinde erhält außer den neuen Katasterbüchern eine Kopie der revidirten Katasterpläne, von denen die Originale bei der Direktion der direkten Steuern verbleiben.

Die den Paragraphen beigefügten Bemerkungen sind theilweise aus den Motiven des Gesetzes und den Verhandlungen des Landesausschuß entnommen und weisen besonders auf die unzweifelhaften Vortheile des Gesetzes hin.

ainsi obtenus servent à dresser les plans et cartes qui indiquent les changements survenus, ainsi qu'à confectionner de nouveaux documents cadastraux qui indiquent les parcelles d'après leur ordre topographique et d'après les noms de leurs propriétaires. Ces plans et documents sont exposés pendant un certain temps à la mairie, pour mettre les propriétaires en mesure de produire leurs réclamations ; les propriétaires reçoivent en outre des bulletins dont ils ont à reconnaître l'exactitude. Les documents qu'on obtient par cette procédure permettent de retrouver exactement chaque parcelle d'une banlieue, ainsi que le nom de son propriétaire. En un mot, les renseignements fournis par un cadastre revisé indiquent chaque parcelle avec assez de précision pour iécarter tout doute sur son identité. Chaque commune reçoit les nouveaux livres et en outre une copie des plans rectifiés, dont les minutes sont déposées à la Direction des contributions directes.

Les annotations qui accompagnent le texte de la loi et pour lesquelles on a utilisé l'exposé des motifs de la loi ainsi que les discussions au sein de la Délégation d'Alsace-Lorraine, servent à justifier l'utilité pratique des nouvelles dispositions.

Gesetz

betreffend die Vereinigung des Katasters, die Ausgleichung der Grundsteuer und die Fortführung des Katasters,

vom 31. März 1884.

I. Vereinigung des Katasters.

§ **1**. Das Kataster wird in seinen Angaben über die Besitzer, die Lage, die Größe und die dauernde Benutzung (Kulturart) der einzelnen Liegenschaften (Grundstücke und Gebäude) für sämmtliche Gemeinden des Landes der Vereinigung unterzogen.

Die Vereinigung des Katasters der einzelnen Gemarkungen erfolgt entweder durch einfache Berichtigung (Prüfung, Richtigstellung und Ergänzung) der vorhandenen Katasterurkunden, oder durch Erneuerung auf Grund einer vollständigen Stückvermessung.

---

§ 1, Absatz 1. Die Ausmittelung der Besitzer und der Kulturart vollzieht sich bei Stückvermessung, wie bei einfacher Berichtigung.

Bezüglich der Größe und Lage der Liegenschaften waltet insofern ein Unterschied ob, als bei der Stückvermessung die Lage der Grenzen jeder Liegenschaft bestimmt und der Flächeninhalt in jedem Falle neu ermittelt wird, während bei der Berichtigung nur die Lage des Grundstückes an sich in Betracht gezogen wird und eine Flächeninhaltsermittelung nur dann vorzunehmen ist, wenn die nach dem alten Plane vorhandenen Liegenschaften inzwischen Aenderungen erlitten haben, oder wenn Gründe für die Vermuthung gegeben sind, daß der alte Plan einen materiellen Irrthum enthalte. Zusammenhängende Theile von Gewannen können sonach bei der Berichtigung aufgenommen werden; die Bestimmungen des § 11 finden in diesem Falle entsprechende Anwendung.

Absatz 2. Erfahrungsgemäß hat eine ganz erheblich größere Anzahl von

LOI

concernant le renouvellement du cadastre, la péréquation de l'impôt foncier et la conservation du cadastre,

du 31 mars 1884.

I. Renouvellement du cadastre.

§ **1**. Le cadastre sera soumis à un renouvellement quant à ses indications sur la possession, la situation, la superficie et la culture (*Kulturart*) de chaque immeuble (propriétés bâties et non bâties) dans toutes les communes du pays.

Le renouvellement du cadastre a lieu pour chaque banlieue soit au moyen de la révision (examen, rectification et mise au courant) des documents cadastraux, soit au moyen de la reconfection à la suite d'un arpentage parcellaire général.

---

§ 1, al. 1. Les recherches concernant les propriétaires et la culture sont les mêmes, soit qu'il s'agisse d'arpentage parcellaire ou de simple révision.

La situation, les limites et la contenance d'une parcelle sont toujours recherchées et fixées en cas d'arpentage parcellaire, tandis qu'en cas de simple révision, on ne s'arrête en général qu'à la situation de la parcelle, et on ne procède à un arpentage que si les immeubles portés sur les anciens plans ont subi depuis des changements notables ou s'il y a lieu de supposer que les anciens plans contiennent des erreurs matérielles. Un ensemble de parcelles d'une section peut ainsi être soumis à un arpentage à l'occasion des opérations de révision du cadastre; les dispositions du § 11 s'appliquent, dans ce cas, à ces opérations.

Al. 2. Un très grand nombre d'immeubles a conservé les limites

Die Leitung und Ueberwachung der bezüglichen Arbeiten liegt einer zu diesem Zwecke einzusetzenden Katasterkommission ob.

2. Der Beginn der Katasterbereinigung wird für jede einzelne Gemarkung vorher öffentlich bekannt gemacht.

a. Berichtigung.

3. Die Berichtigung des Katasters vollzieht sich in der Weise, daß die Angaben desselben unter Zuziehung von feldkundigen Gemeindemitgliedern, als Auskunftspersonen, mit den thatsächlichen Verhältnissen verglichen und die vorhandenen Abweichungen festgestellt werden.

Grundstücken die ursprünglichen, bei der Katasteranlage vorhandenen Grenzen bewahrt, als man nach Lage der Mutterrolle annehmen sollte.

Die Nothwendigkeit einer Stückvermessung stellt sich bei einer verhältnißmäßig kleinen Anzahl von Gemarkungen heraus, nämlich da wo die alten Pläne einen sehr geringen Werth haben, der Umfang der eingetretenen Grenzverschiebungen eine sehr große ist und die nachträgliche Einmessung von Flußcorrectionen, Eisenbahn- und Kanalanlagen, von Wegeverlegungen und dergl., einen solchen Umfang annehmen würden, daß eine Berichtigung die gleichen Kosten wie eine Neuvermessung verursachen könnte.

Der Landesausschuß hat jedes Jahr die Mittel zu den Bereinigungsarbeiten des Katasters zu bewilligen und übt sonach eine beständige Controlle über deren Fortschritt aus.

In jedem Bezirke wird thunlichst eine gewisse Anzahl von Gemarkungen zu gleicher Zeit in Angriff zu nehmen und nachher gruppenweise vorzugehen sein.

Absatz 3. Die Katasterkommission ist eine nur vorübergehende Behörde.

§ 2. Die Ausführungsvorschriften zum Gesetze bestimmen, in welcher Weise und in welchem Umfange die bezügliche Bekanntmachung zu erfolgen hat. Eine angemessene Frist wird immerhin zwischen der Bekanntmachung und dem Beginn der Katasterbereinigung zu beobachten sein.

§ 3. Die Vergleichung zwischen den Angaben des Katasters und den örtlichen Verhältnissen (Feldvergleichung) wird durch den Feldmesser bewirkt. Dabei dient als Unterlage: 1) eine Abschrift des Flurbuches, nachdem dasselbe auf Grund eingehender Prüfung und an der Hand der fort-

La direction et la surveillance des travaux sont confiées à une Commission du cadastre instituée spécialement à cet effet.

2. L'époque où les opérations de renouvellement commencent pour chaque commune est annoncée publiquement à l'avance.

a. *De la révision.*

3. La révision du cadastre s'effectue par la comparaison de ses données avec l'état de situation actuel et les changements qui peuvent être survenus, avec le concours d'habitants de la commune, qui, comme indicateurs, connaissent le mieux tout ce qui a rapport aux immeubles ruraux.

---

telles qu'elles se trouvaient déterminées par les anciens cadastres; il suffit dans ces cas de procéder à la révision.

La nécessité d'un arpentage général ne se fait sentir que pour un nombre restreint de banlieues, surtout dans les communes où les anciens plans manquent de valeur, là où se sont produits des changements notoires dans les limites des parcelles et où le mesurage des changements occasionnés par des déplacements de cours d'eau ou de chemins, par des constructions de chemins de fer ou de canaux occasionnerait de tels travaux que la simple révision entraînerait autant de frais qu'un réarpentage parcellaire.

La Délégation a à voter tous les ans les sommes nécessaires pour le renouvellement du cadastre et exerce ainsi une surveillance continue sur la marche des opérations.

Les travaux devront commencer en même temps dans un certain nombre de communes de chaque département, ce qui n'empêchera pas d'avancer par groupes de communes.

Al. 3. La commission du cadastre n'est instituée que temporairement, jusqu'à l'achèvement des travaux de renouvellement du cadastre.

§ 2. Les dispositions d'exécution émanant du ministère indiquent de quelle manière et dans quelle forme doivent se faire les publications. Les opérations de renouvellement ne commenceront dans les communes qu'après l'expiration d'un délai convenable après les publications.

§ 3. La comparaison entre les indications du cadastre et l'état actuel se fait par les géomètres, qui prennent pour guide: une copie du livre de section complété d'après les indications de la matrice cadastrale rectifiée et une copie du plan cadastral ou de

Privatkataster und andere geeignete Pläne, welche zur Verfügung stehen und sich als richtig erweisen oder sich ohne unverhältnißmäßige Weiterungen berichtigen lassen, können mit ihren Angaben in das Kataster übernommen werden.

4. Grundstücke, welche zur Zeit von der Grenze zweier Gemarkungen durchschnitten werden oder in eine andere Gemarkung einspringen oder vollständig innerhalb einer anderen Gemarkung liegen, können, sofern die betheiligten Grundbesitzer und Gemeinderäthe zustimmen, gelegentlich der Katasterberichtigung durch das Ministerium mit derjenigen Gemarkung vereinigt werden, zu der sie ihrer natürlichen Lage nach gehören. Die Entscheidung des Ministeriums wird öffentlich bekannt gemacht.

---

geführten Mutterrolle bis zur Gegenwart berichtigt ist; 2) Kopien der Katasterpläne sowie der sonst verfügbaren zuverlässigen Pläne.

Die Berichtigung geschieht überall da ohne spezielle Messung, wo über die eingetretene Veränderung in der Grundstücksgestaltung bereits amtliche Aufnahmen vorliegen, wie dies bei neueren Eisenbahn- und Straßenbauten der Fall zu sein pflegt. Es werden alsdann die Ergebnisse dieser Messungen lediglich in die alten Pläne übertragen. Wo jedoch irgend welche Unklarheiten bestehen und sie durch solche Dokumente nicht beseitigt werden können, muß Messung erfolgen. Wenn bei derartigen Messungen Flächeninhaltsberechnungen für Gemarkungstheile vorzunehmen sind, so muß für die Gesammtheit der vermessenen Fläche der katastermäßige Inhalt beibehalten werden und nach Maßgabe der Vermessung auf die einzelnen Grundstücke vertheilt werden, weil in den Umfassungsgrenzen des betreffenden Ganzen Verschiebungen eingetreten sein können, die sich ohne Neuvermessung der ganzen Vermarkung nicht feststellen lassen und berechtigte Privatinteressen dadurch verletzt werden können.

§ 4. Die Gemarkungsgrenze durchschneiden manchmal Eigenthumsstücke von geringem Flächengehalte, so daß die Eigenthümer die Grundsteuer in verschiedenen Gemeinden zu entrichten haben. Es ist ferner zu befürchten, daß bei Veräußerung derartiger Grundstücke nur der Haupttheil zur Fortschreibung im Kataster gelangt. Solche Gemarkungsgrenzen, welche alljährlich überpflügt werden, verlieren an Sicherheit und können zu Differenzen Anlaß bieten. Die nach vorhandenen Enklaven sind ebenfalls zu beseitigen.

Derartige Grenzregulirungen waren schon nach der Ordonnanz vom 3. Oktober 1821 und dem Reglement vom 10. Oktober 1821 zugelassen, jedoch nur nach Bestätigung des Staatsoberhauptes, so daß die Maßnahme auf die wichtigsten Fälle beschränkt blieb.

Nach Artikel 13 des Gesetzes vom 24. Juli 1867 ist, sofern es sich um Ge-

Les renseignements fournis par les plans d'abornement des communes (*Privatcadaster*) et les autres plans dont on reconnaît l'exactitude et qui peuvent être utilisés ou se laissent rectifier sans trop de difficultés, peuvent passer dans le cadastre.

4. Les immeubles qui sont coupés par la ligne séparative de deux banlieues ou sont situés en partie ou en totalité dans une autre banlieue, peuvent à l'occasion des travaux de révision, en tant que les propriétaires intéressés et les Conseils municipaux y donnent leur adhésion, être réunis par le ministère à la banlieue à laquelle ils doivent appartenir par leur situation. La décision du ministère doit être publiée.

---

tous autres plans, dont l'exactitude ne laisse rien à désirer. Les plans exécutés dans un intérêt privé peuvent servir tout autant que les plans officiels. Les plans cadastraux sont à compléter sans mesurage préalable, là où des documents officiels indiquent suffisamment les modifications qu'ont subies les parcelles, par exemple les plans dressés lors de la construction de routes ou de chemins de fer. Les données de ces plans sont à reporter, dans ce cas, sur les anciens plans.

L'arpentage est inévitable s'il existe des erreurs évidentes, qu'on ne peut écarter à l'aide d'autres documents. Si, à l'occasion d'une pareille opération, les calculs portent sur la superficie d'une section, les indications du cadastre sur la superficie entière de la section peuvent seules servir de base pour la répartition des mesures entre les différents immeubles. Les changements ont pu en effet se produire de section à section, et ces erreurs ne pourraient disparaître qu'à la suite d'un arpentage de toute la banlieue, sinon les intérêts de tierces personnes pourraient être lésés.

§ 4. Les limites de deux banlieues traversent quelquefois de petites parcelles. Les contributions sont alors à payer dans deux communes, et il arrive facilement lors d'une vente que la mutation ne se fasse que dans l'une des communes. Ces limites s'effacent en outre par le labourage, ce qui peut occasionner de sérieuses difficultés.

L'ordonnance du 3 octobre 1821 et le règlement du 10 octobre 1821 prévoyaient déjà de pareilles rectifications, mais les soumettaient à l'intervention du gouvernement, ce qui a eu pour conséquence qu'elles n'ont eu lieu que dans les cas les plus importants.

En vertu de la loi du 24 juillet 1867, le préfet statue, si les

5. Die feldkundigen Auskunftspersonen (§ 3) werden in der erforderlichen Anzahl vom Gemeinderath bestellt.

6. Die Eigenthümer, Besitzer, Nutznießer, Pächter und sonstigen Inhaber von Liegenschaften sind berechtigt, den örtlichen Erhebungen beizuwohnen und ihre Erklärungen abzugeben.

Die Inhaber der Liegenschaften sind verpflichtet, nach näherer Vorschrift der Ausführungsbestimmungen

1. innerhalb dreier Tage nach ergangener ortsüblicher Aufforderung die von ihnen benutzten Bodenparzellen einzeln zu bezeichnen,
2. das Betreten ihrer Grundstücke einschließlich der Höfe und umschlossenen oder zu Häusern gehörigen Gärten sowie die Vornahme von Messungen auf denselben durch das mit Ausführung der Berichtigung betraute Personal zu gestatten und

---

meinden desselben Kantons handelt und Gemeinderath wie Bezirkstag zustimmen, schon der Bezirkspräsident befugt, die Trennung bezw. Zusammenlegung von Gemarkungstheilen auszusprechen; kommt die Verlegung der Kantonsgrenze in Frage, so genügt nach dem Gesetz vom 31. Dezember 1871 ein Erlaß des Reichskanzlers, jetzt des Kaiserlichen Statthalters. Die Uebertragung der Entscheidung an das Ministerium ist sonach gerechtfertigt. Die Grenze der Verwaltungs- oder Gerichtsbezirke können durch die Rektifikation berührt werden. Eine Benachtheiligung berechtigter Privatinteressen wird dadurch ausgeschlossen, daß die betheiligten Grundeigenthümer ihre Zustimmung zu geben haben.

Die Entscheidung des Ministeriums ist zu veröffentlichen, zum Zwecke der Wahrung der Interessen der betheiligten Hypothekengläubiger. Den betreffenden Hypothekenämtern werden derartige Verlegungen der Gemarkungsgrenzen von Amtswegen mitgetheilt, damit diese Amtsstellen in der Lage sind, die Erneuerung und Löschung bestehender Inskriptionen, sowie die Transkription der diese Grundstücke betreffenden Urkunden, mit voller Sicherheit wahrnehmen zu können.

§§ 5 u. 6. Um Irrungen vorzubeugen, haben die Auskunftspersonen den Techniker bei der Feldvergleichung zu unterstützen, außerdem wird den Inhabern der Liegenschaften die Bezeichnung der letzteren durch Ausfüllung von Formularen (Besteckzettel) auferlegt, welche Vordruck zur Angabe des Eigenthümers, der Nebenlieger, des früheren Eigenthümers und des Flächeninhaltes nach der Erwerbsurkunde enthalten. Zur Aufklärung

5. Le Conseil municipal nomme un nombre suffisant d'indicateurs, qui sont au courant de la situation et le mieux en état de fournir les renseignements.

6. Les propriétaires, possesseurs, usufruitiers, fermiers et autres détenteurs d'immeubles ont le droit d'assister aux investigations sur le terrain et de faire valoir leurs observations.

Les détenteurs d'immeubles sont obligés, en se conformant aux prescriptions à préciser dans les dispositions d'exécution :

1° d'indiquer parcelle par parcelle, dans un délai de trois jours, après la sommation qui leur en est faite dans les formes de l'usage local, les immeubles qu'ils détiennent,

2° d'autoriser les employés chargés des travaux de révision, à passer sur leurs immeubles, y compris les cours et les jardins clos ou attenant à une habitation et à y laisser exécuter les opérations d'arpentage, et

---

Conseils municipaux et le Conseil général sont d'accord, sur les questions de réunion ou de distraction de parties de banlieues sises dans le même canton. Le § 3 de la loi du 31 décembre 1871 fait intervenir le chancelier de l'Empire (maintenant le Statthalter) pour les changements de limites entre deux cantons. Le § 4 est entré dans cet ordre d'idées et charge le ministère de l'approbation de pareils changements, qui peuvent modifier les ressorts administratifs et judiciaires. Comme les propriétaires de parcelles à rectifier doivent également y donner leur adhésion, il n'est pas à craindre que leurs droits soient lésés.

Les publications ont pour but de permettre aux tiers qui ont des privilèges ou hypothèques à faire valoir sur ces immeubles, de sauvegarder leurs intérêts. Ces changements de limites sont portés d'office à la connaissance des conservateurs des hypothèques, pour les mettre en mesure d'y avoir égard lors du renouvellement ou de la radiation d'inscriptions ou lors de la transcription de contrats qui se rapportent à ces immeubles.

§§ 5 et 6. Pour éviter toute erreur, la loi fait intervenir non seulement les indicateurs qui sont le mieux à même de fournir les renseignements nécessaires, mais aussi les détenteurs d'immeubles, auxquels elle impose l'obligation de désigner spécialement leurs parcelles en remplissant les formulaires fournis par l'administration. Ces formulaires ont pour but la désignation exacte du propriétaire,

3. etwaigen Ladungen zum Erscheinen an Ort und Stelle und vor dem Bürgermeister persönlich oder durch ihre Vertreter Folge zu leisten und daselbst die erforderlichen thatsächlichen Aufschlüsse, soweit nöthig unter Vorzeigung der in ihrem Besitz befindlichen Urkunden, zu ertheilen.

7. Sobald die Berichtigungsarbeit in einer Gemeinde beendet ist werden auf Grund der gewonnenen Ergebnisse die einzelnen Liegenschaften

1. nach topographischer Ordnung in einem Flurbuch und einem Parzellenregister und
2. nach Steuerpflichtigen geordnet in einer Mutterrolle neu zusammengestellt; es werden ferner
3. der Gegenwart entsprechende Katasterpläne angefertigt.

Das Flurbuch und eine Ausfertigung der Mutterrolle sind für die Gemeinde, das Original der Mutterrolle und das Parzellenregister für die Steuerverwaltung bestimmt. Von den

---

verworrener Theilungen und dergl. kann es nöthig werden, die persönlichen Erläuterungen der Eigenthümer in Anspruch zu nehmen und thunlichst auf den Inhalt ihrer Urkunden zurückzugreifen. Eine Nacherhebung etwa noch geschuldeter Registrirgebühren ist durch § 56 ausgeschlossen. Die Kaufs- und sonstigen Erwerbsurkunden können gegen den Willen des Eigenthümers nicht zurückbehalten werden.

Die unter Ziffer 3 bezeichneten Ladungen können vom Techniker oder vom Bürgermeister ausgehen; deren Zustellung geschieht durch die Ortsbehörde des Wohnortes, nur in Ausnahmefällen wird Behändigung gegen Postzustellungsurkunde zu erfolgen haben.

§ 7. Nach der bisherigen Gesetzgebung konnte das Flurbuch einer Abänderung nicht unterworfen werden. Diese Bestimmung ist dahin abgeändert daß das Flurbuch fernerhin Abtheilungen enthält, in welchen die Namen der Eigenthümer bei der Fortschreibung eingetragen werden.

Die Mutterrolle besteht ihrerseits in fliegenden Blättern, um die streng alphabetische Ordnung der Steuerpflichtigen fortdauernd zu erhalten und die jetzt nothwendigen periodischen Erneuerungen zu vermeiden.

Die bisherige Bezeichnung Katasterplan bezeichnet fernerhin den in Folge von Berichtigung aufgestellten Katasterplan, für den in Folge von

3° de se conformer, le cas échéant, aux citations de comparaître sur le terrain et devant le maire, soit personnellement soit par un fondé de pouvoir, et de donner à cette occasion les éclaircissements de fait qui peuvent être nécessaires, en produisant au besoin les titres qui sont en leur possession.

7. Dès que les travaux de révision sont terminés dans une commune, les différentes parcelles sont nouvellement inscrites, en tenant compte de l'ensemble des renseignements recueillis

1° au livre de sections et au registre parcellaire dans leur ordre topographique;

2° à la matrice cadastrale dans l'ordre alphabétique des contribuables; il est en outre procédé

3° à la confection de plans, d'après la situation actuelle des immeubles.

Le livre de sections et une expédition de la matrice cadastrale sont destinés à la commune, la minute de la matrice cadastre et le registre des parcelles sont destinés à l'admi-

---

des voisins, de l'ancien propriétaire et de la contenance d'après les titres de propriété. Les difficultés résultant de partages ou de ventes ne peuvent généralement être vidées qu'en présence des parties et sur la production de leurs titres. Ces titres ne sont pas soumis à l'amende ou aux droits d'enregistrement, s'ils ne sont pas enregistrés, et sont à restituer de suite aux propriétaires s'ils l'exigent.

Les citations (n° 3) peuvent émaner du géomètre ou du maire. L'autorité locale de la résidence en soigne la remise au destinataire; ce n'est qu'exceptionnellement qu'on doit avoir recours à la poste.

§ 7. La législation antérieure ne permettait pas de modifier l'état de sections; à l'avenir le livre de sections (*Flurbuch*) contiendra des cases spéciales où s'inscriront les noms des propriétaires à mesure des mutations. La matrice cadastrale se composera d'autant de feuilles volantes qu'il y a de propriétaires; en cas de mutation, la feuille inutile est remplacée par une nouvelle feuille. Cette disposition permet de maintenir l'ordre alphabétique et d'éviter les renouvellements périodiques.

Pour écarter toute confusion, on appelle plans cadastraux, ceux qui résultent d'une simple révision, et cartes cadastrales, les plans

Katasterplänen erhält die Steuerverwaltung das Original, die Gemeinde eine Kopie.

Soweit im einzelnen Falle die vorhandenen Mutterrollen und Katasterpläne nach dem Ermessen der Katasterkommission ergänzt werden können, ohne an Deutlichkeit und Zuverlässigkeit zu verlieren, kann bis auf Weiteres von einer Erneuerung derselben abgesehen werden.

8. Die neu hergestellten Katasterpläne und das Original des Flurbuches werden auf dem Bürgermeisteramt der Gemeinde während eines Monates zur Einsichtnahme offengelegt. Außerdem sind den Inhabern der Liegenschaften, vor Beginn der Offenlegung, Verzeichnisse der auf ihre Namen eingetragenen Grundstücke und Gebäude durch den Bürgermeister zur Anerkennung mitzutheilen.

Mit Ablauf der Offenlegungsfrist entsendet die Katasterkommission einen Sachverständigen in die Gemeinde zu dem Zwecke, um den Inhabern der Liegenschaften sowie den Vertretern abwesender Grundbesitzer die erforderlichen Aufschlüsse und Erläuterungen über den Inhalt der Katasterurkunden mündlich zu ertheilen.

Einwendungen gegen die Katasterurkunden können während

Stückvermessung angefertigten Plan ist die Bezeichnung Katasterkarte gewählt worden.

Sämmtliche Pläne sind soweit erforderlich nach einem einheitlichen größeren Maßstabe anzufertigen. Die ergänzten Pläne und Mutterrollen sind für die Steuerbehörde, die neu angefertigten für die Gemeinden bestimmt.

§ 8. Das Verzeichniß, welches zur Anerkennung zugestellt wird, benutzen die Eigenthümer, um in Muße die Eintragungen des neuen Katasters zu prüfen und mit ihren Besitztiteln vergleichen zu können; die schriftliche Anerkennung des Güterverzeichnisses durch den Eigenthümer schafft zugleich ein Dokument, auf welches in Zweifelsfällen wird zurückgegriffen werden können.

Der Sachverständige hat lediglich die Aufgabe, den Interessenten die gewünschte Auskunft zu ertheilen und die erhobenen Einwendungen klar zu stellen. Die Untersuchung der rechtzeitig erhobenen Einwendungen erfolgt im Falle des Bedürfnisses auch nach Ablauf der bezeichneten Frist. Das Reklamationsverfahren ist bestimmt, klar zu stellen, daß alle Aenderungen thatsächlich gewahrt sind und daß diese Wahrung richtig erfolgt ist; außerdem wird die Gelegenheit geboten, die noch vorhandenen materiellen Irrthümer in der Aufmessung, Kartirung und Inhaltsbestimmung

nistration des contributions directes. Cette dernière conserve la minute des plans cadastraux, la commune en reçoit seulement une copie.

Dans les cas particuliers où les matrices cadastrales ou les plans peuvent être complétés, d'après l'avis de la Commission du cadastre, sans perdre de leur caractère clair et sûr, il peut être fait abstraction, en attendant, de leur renouvellement.

8. Les nouveaux plans cadastraux et la minute du livre de sections sont exposés à la mairie pendant un mois pour qu'on puisse en prendre communication. Le maire remet en outre aux détenteurs d'immeubles, avant le commencement de l'exposition de ces documents, des bulletins indiquant les propriétés bâties et non bâties inscrites en leur nom, pour qu'ils en reconnaissent l'exactitude.

Après l'expiration des délais d'exposition, la Commission du cadastre envoie dans la commune un expert chargé de donner verbalement les éclaircissements et renseignements nécessaires sur le contenu des documents cadastraux, aux détenteurs d'immeubles ainsi qu'aux représentants des propriétaires non présents.

Les réclamations contre les documents cadastraux peuvent être produites pendant le mois de leur dépôt à la mairie, soit

---

dressés à la suite d'un arpentage parcellaire. Les plans sont dressés sur une assez grande échelle et avec uniformité pour tout le pays, ce qui évite les inconvénients actuels. Les plans et les matrices susceptibles de rectifications sont à remettre à l'administration des contributions, les nouveaux documents cadastraux à la commune.

§ 8. Chaque propriétaire a à consigner dans le bulletin, toutes les remarques qu'il croit devoir faire sur l'indication et la consistance de ses parcelles, après avoir comparé les indications du nouveau cadastre avec ses titres de propriété. La reconnaissance sur le bulletin par le propriétaire crée en outre un document auquel il sera facile de recourir en cas de difficultés.

L'expert a pour mission d'éclairer les parties et d'éclaircir les questions douteuses. Les réclamations sont examinées au besoin même après les délais de réclamation. La procédure de réclamation a pour but de faire constater la réalité des erreurs rectifiées et d'écarter toutes celles qui n'ont été découvertes que plus tard et qui

des Monats der Offenlegung schriftlich bei dem Bürgermeister oder während der Anwesenheit des Sachverständigen bei diesem schriftlich oder mündlich vorgebracht werden. Sämmtliche Einwendungen werden von dem Sachverständigen geprüft und der Katasterkommission vorgelegt, welche darüber, erforderlichen Falles nach nochmaliger örtlicher Untersuchung entscheidet.

Soweit nöthig, sind außer den Reklamanten die Grenznachbarn und die sonst betheiligten Grundbesitzer durch Vermittelung des Bürgermeisters aufzufordern, der Prüfung der erhobenen Einwendungen persönlich oder durch ihre Bevollmächtigten beizuwohnen. Den Ausbleibenden fallen die Kosten des von ihnen verschuldeten wiederholten Verfahrens nach Festsetzung durch die Katasterkommission zur Last.

Soweit die Einwendungen als begründet erkannt werden, tritt Berichtigung der offen gelegten Urkunden ein.

Gegen die Kostenfestsetzung sowie den abweisenden Bescheid der Katasterkommission kann binnen einer Ausschlußfrist von einem Monat vom Tage der Bekanntgabe ab Berufung beim Ministerium erhoben werden. Letzteres entscheidet endgültig.

Erweist sich die Berufung als unbegründet so können die hierdurch erwachsenen Kosten ganz oder theilweise dem Berufenden in der Entscheidung zur Last gelegt werden.

---

sowie Rechen- und Schreibfehler, welche bei der Berichtigung unentdeckt geblieben sind, zu beseitigen.

Diejenigen geringen Verschiebungen der Grundstücksgrenzen, welche ihren Ursprung in der alljährlichen Bestellung des Bodens haben, werden nicht in den Bereich des Berichtigungswerkes gezogen werden. Derartige Verschiebungen würden nicht einmal durch eine vollständige Stückvermessung dauernd erfaßt werden können, sofern dieser Stückvermessung nicht eine vollständige Vermarkung aller Grenzen voranginge.

Gegenstand der Einwendungen können außerdem sein: der Ansatz von Liegenschaften auf unrichtige Namen, die unrichtige Angabe der Kulturart, die unrichtig bewirkte Wiedergabe von Form und Lage einer Liegenschaft im Katasterplan und die unrichtige Ermittelung des Flächeninhaltes einer Liegenschaft.

Die Kosten, welche durch Untersuchung und Entscheidung der Einwendungen in erster Instanz entstehen, werden auf die Landeskasse übernommen, die Berufungskosten bleiben der unterliegenden Partei zur Last.

Der Lauf der Anschlußfrist für die Berufung berechnet sich entsprechend dem § 198 der Civilprozeßordnung.

par écrit entre les mains du maire, soit verbalement ou par écrit entre les mains de l'expert lors de sa présence dans la commune. Toutes les réclamations sont examinées par l'expert et soumises à la Commission du cadastre, qui a à décider, après nouvel examen sur le terrain si elle le juge nécessaire.

Les propriétaires voisins et les autres propriétaires qui peuvent avoir un intérêt quelconque, ainsi que les réclamants, sont au besoin invités, par l'intermédiaire du maire, à assister personnellement ou par mandataire à l'examen des réclamations qui peuvent s'être produites. Les non-comparants sont passibles des frais que peut nécessiter plus tard une nouvelle procédure, d'après la taxe qu'en fera la Commission du cadastre.

Les documents cadastraux sont rectifiés en tant que les réclamations sont reconnues fondées.

La voie de l'appel au ministère est ouverte contre la taxe des frais, ainsi que contre la décision de rejet de la Commission du cadastre, dans un délai péremptoire d'un mois après la communication de la décision. Le ministère statue en dernier ressort.

Si l'appel est reconnu mal fondé, les frais qui en résultent peuvent, dans la décision même, être mis en tout ou en partie à la charge de l'appelant.

---

peuvent résulter d'un nouvel arpentage, de fausses indications sur la contenance, ainsi que les erreurs de calcul ou de plume.

Les petits changements dans la configuration des immeubles, tels qu'ils résultent de la culture annuelle des parcelles, ne peuvent être pris en considération. Un réarpentage même ne donnerait pas de limites fixes à cet égard, à moins que le réarpentage ne soit précédé d'un abornement des parcelles.

Les réclamations peuvent principalement avoir pour objet: une fausse indication de propriétaire, de culture, de contenance ou une indication inexacte dans la forme ou la situation d'une parcelle sur le plan cadastral.

Tous les frais de réclamations en première instance sont à la charge du Trésor, ceux de recours au ministère restent à la charge de la partie qui succombe.

Le § 198 du Code de procédure civile s'applique aux délais d'appel.

Beginn und Schluß der Offenlegung sowie die Tage, während welcher der Sachverständige zur Ertheilung von Auskunft und zur Entgegennahme von Einwendungen in der Gemeinde anwesend ist, sind vorher öffentlich bekannt zu machen.

Die Besitz- und Eigenthumsverhältnisse der Betheiligten werden durch die vorgenannten Entscheidungen nicht berührt.

9. Von den Kosten der Katasterberichtigung fallen den Gemeinden zur Last:

1. die Ersatzleistungen für entstandene Feldbeschädigungen,
2. die den Auskunftspersonen zu gewährenden Vergütungen und endlich
3. die baaren Auslagen, welche der Verwaltung für Anfertigung der an das Gemeindearchiv abzugebenden Pläne, Flurbücher und Mutterrollen erwachsen.

Alle übrigen Kosten werden von der Landeskasse getragen.

Jeder Anspruch auf Ersatz für Feldbeschädigungen (1) oder auf Vergütung für die Thätigkeit als Auskunftsperson (2) erlischt, wenn er nicht binnen einem Monat nach erfolgter Schadenszufügung oder nach Beendigung der Thätigkeit als Auskunftsperson bei dem Bürgermeister der Gemeinde angemeldet worden ist. Kommt eine vom Gemeinderath genehmigte Einigung nicht zustande, so entscheidet der Kreisdirektor nach Anhörung der Parteien und, soweit es sich um Feldbeschädigungen handelt, nach Einholung des Gutachtens eines Sachverständigen. Die Entscheidung des Kreisdirektors ist endgültig.

Die baaren Auslagen für Anfertigung der an das Gemeindearchiv abzugebenden Katasterurkunden (3) werden nach einem vom Ministerium festzusetzenden Durchschnittssatze berechnet und erhoben.

---

§ 9. Die Kosten der Katasterberichtigung werden im Allgemeinen auf die Landeskasse übernommen. Der Gemeinde bleiben jedoch die Auslagen für Anfertigung der an die Gemeindearchive abgegebenen Katasterurkunden, weil diese Anfertigung durch das Interesse der Gemeinden bedingt wird.

Die besondern Kosten, welche durch eine mit der Katasterberichtigung zu verbindende Feldwegeanlage entstehen, fallen den Betheiligten allein zur Last.

Le commencement et la fin de l'exposition, ainsi que les jours où l'expert se trouve dans la commune pour donner les éclaircissements et recevoir les réclamations, sont à annoncer publiquement et à l'avance.

Les questions de possession et de propriété des parties intéressées ne sont pas touchées par les décisions qui peuvent intervenir.

9. Des frais de révision, les communes prennent à leur charge :

1° l'indemnité pour les dégâts causés aux immeubles non surbâtis ;

2° les salaires des personnes qui ont fourni les renseignements (indicateurs) ;

3° les dépenses nettes de l'administration, pour la confection des plans, livres de sections et matrices cadastrales, que reçoivent les archives de la commune.

Tous les autres frais restent à la charge du trésor.

Toute demande en indemnité pour dégâts (1) ou en paiement du salaire des indicateurs (2) est prescrite, si elle n'est pas adressée au maire de la commune dans le mois après les dégâts ou après la clôture des travaux auxquels ont concouru les indicateurs. Si les propositions émanant du Conseil municipal ne sont pas acceptées, la décision en est remise au Kreisdirector, qui entend préalablement les parties et provoque un rapport d'expert, quand il s'agit de dommages faits aux champs. La décision du Kreisdirector est en dernier ressort.

Les dépenses nettes pour la confection des documents cadastraux que reçoivent les communes, sont à calculer et à payer d'après un taux moyen à fixer par le ministère.

---

§ 9. Les frais de révision sont en principe à la charge du Trésor. La commune ayant cependant un intérêt tout particulier à obtenir le double des documents cadastraux, il est de toute justice qu'elle en paie les frais.

Si, à l'occasion des travaux de révision d'un cadastre, il est procédé à la construction de chemins ruraux ou d'exploitation, les frais en sont supportés par les parties intéressées.

10. Auf Antrag des Gemeinderathes wird mit der Katasterberichtigung eine Festlegung der Gemarkungs- und Gewanngrenzen durch Vermarkung und Aufnahme derselben im Anschluß an die Landesvermessung verbunden.

Auf die Ermittelung und Vermarkung dieser Grenzen finden die Bestimmungen der §§ 14 und 15 gegenwärtigen Gesetzes Anwendung.

Die Kosten der Vermarkung fallen vorbehaltlich der besonderen Bestimmungen im Absatz 2 des § 15 der Gemeinde ganz, diejenigen der Aufnahme der bezeichneten Grenzen zur Hälfte zur Last; die andere Hälfte trägt die Landeskasse.

11. Privatvermessungen, welche nach Erlaß des Gesetzes vorgenommen werden, dürfen für die Berichtigung oder Fort-

---

§ 10. Die Gewannfeststellung hat ihre Bedeutung in Gemarkungen, wo einerseits der freiwilligen Vermarkung der Besitzstücke die Gewohnheit der Bevölkerung entgegensteht, andererseits die Art der Feldbestellung Grenzverschiebungen begünstigt, welche zumeist an den Gewannumringen ihren Ausgangspunkt haben. Dieselbe ist in Gegenden mit ausgedehnter Parzellenvermarkung, mit vorwiegendem Wein-, Hopfen- oder Gartenbau, sowie in den Dorf- und Stadtlagen als wesentliches Bedürfniß nicht zu erachten. Die Maßregel hat sich auf die Ermittelung und Aufmessung der Gewanngrenzen zu erstrecken, eine Neuermittelung der Flächeninhalte der Gewanne und Uebernahme derselben in das Kataster könnte nur Unklarheiten in die Katasterverhältnisse hineintragen. Der Gewanngrenze kann keine rechtliche Bedeutung im Sinne des § 24 eingeräumt werden.

Die Art der Ermittelung der Gewanngrenzen wird dem Ermessen der Gemeindeverwaltung zu überlassen sein, jedoch im Allgemeinen daran festzuhalten sein, daß hierzu eine vom Gemeinderath zu wählende Kommission aus feldkundigen Vertrauensmännern bestellt werde.

Unter Gewann ist im Sinne des § 10 nicht allein die einen besonderen Namen führende Feldabtheilung zu verstehen, sondern alle Komplexen gleichgelagerter und gleichgestalteter Parzellen.

Bei solchen Grenzfestlegungen ist kein öffentliches Interesse im Spiel, deßwegen ist es zweckmäßig, den größeren Theil der Kosten der Gemeinde aufzuerlegen.

§ 11. Es kann der Fall eintreten, daß eine oder mehrere Grundbesitzer wünschen, an Stelle der Katasterberichtigung eine spezielle Aufmessung ihres Güterkomplexes treten zu lassen. Die Uebernahme der Ergebnisse in das amtliche Kataster erscheint bei gehöriger Ueberwachung geboten. Der Werth der betreffenden Messungen ist hauptsächlich in der schärferen

10. Sur la demande du Conseil municipal, les opérations de délimitation de la banlieue et des confins sont exécutées en même temps que la révision du cadastre, au moyen de plantation de pierres bornes qui se rattachent à la triangulation du pays.

Les §§ 14 et 15 de la présente loi sont applicables aux opérations de détermination et d'abornement de ces limites.

Les frais d'abornement sont à supporter, sous réserve des dispositions de l'alinéa 2 du § 15, en entier par la commune, qui supporte également les deux tiers des frais occasionnés par la fixation des limites; le dernier tiers reste à la charge du trésor.

11. Les opérations d'arpentage privé, qui seront faites après l'entrée en vigueur de la présente loi, ne pourront être

---

§ 10. La délimitation des sections (confins ou lieu-dit) a son importance dans les banlieues, où d'un côté la population a pour habitude de ne pas délimiter les parcelles, où d'un autre côté le genre de culture favorise les changements de limites, qui se propagent alors jusqu'à l'extrémité des confins. Cette délimitation n'a pas de portée dans les contrées où les parcelles sont généralement abornées et où prédomine la culture de vin, houblons ou plantes potagères. Cette mesure ne peut du reste avoir pour objet que la recherche et la fixation des limites elles-mêmes, sans s'étendre à la recherche de la superficie des sections pour les inscrire au cadastre; une pareille inscription ne pourrait jeter que le trouble dans les livres cadastraux. Cette mesure n'a pas non plus les effets juridiques prévus par le § 24.

Le Conseil municipal a à déterminer comment les limites des sections doivent être recherchées et fixées; il paraît indispensable de nommer à cet effet une commission de prud'hommes habitant la commune et bien au courant de la situation.

Le mot section ne signifie pas seulement dans le sens du paragraphe une partie de banlieue portant un nom spécial, mais aussi tous les ensembles de parcelles se trouvant dans une situation homogène.

La délimitation des confins ne touche pas à l'intérêt public; aussi la commune a-t-elle à supporter la plus grande partie des frais.

§ 11. Le cas peut se présenter qu'un ou plusieurs propriétaires désirent faire procéder à un arpentage spécial de l'ensemble de leurs parcelles au lieu de laisser procéder à la révision. Dans ce cas il paraît logique de reporter au cadastre les résultats fournis

führung des Katasters nur dann Verwendung finden, wenn sie von vereideten Personen bewirkt werden, welche ihre Befähigung nachgewiesen und die Ermächtigung der zuständigen Behörde erlangt haben. Die Messungen unterliegen der Ueberwachung und Prüfung durch die Vermessungsbehörde; ihre Ergebnisse werden in gleicher Weise und unter denselben Bedingungen in das Kataster übernommen, wie dies bei Planaufnahmen zum Zwecke der ordentlichen Fortführung berichtigter Kataster geschieht.

b. Stückvermessung.

12. Die Stückvermessung von Gemarkungen zum Zwecke der Katastererneuerung (§ 1) wird von Amtswegen veranlaßt, wenn nach dem Ermessen der Katasterkommission die einfache Berichtigung nicht mit Nutzen durchführbar ist.

13. Die Stückvermessung von Gemarkungen erfolgt auch auf Antrag sowohl des Gemeinderathes als der betheiligten Grundbesitzer. Der Antrag ist spätestens innerhalb drei Monaten nach der amtlichen Bekanntmachung über die Ausführung

---

und genaueren Untervertheilung einer katastermäßigen Fläche zu suchen und sind diese Messungen deshalb der gleichen Behandlung wie die Messungen zur Fortführung berichtigter Kataster zu unterwerfen.

Grundstücksaufnahmen, denen irgend eine rechtliche oder steuerliche Bedeutung nicht beigelegt werden soll, fallen selbstverständlich nicht unter die Bestimmungen dieses Gesetzes.

§ 13. Jedem Antrage auf Stückvermessung muß grundsätzlich Folge geleistet werden. Die Ausführung dieser Anträge ist selbstverständlich durch die im Budget zur Verfügung gestellten Mittel und die Zahl der hierzu verwendbaren Techniker beschränkt. Der Antrag kann aber während der Ausführung der Berichtigung in einer Gemarkung oder gar nach Vollendung derselben nicht gestellt werden. Es würden hierdurch der Staatskasse unnöthige Kosten erwachsen, welche sich bei Einbringung der Anträge vor Beginn der Katasterberichtigung vermeiden lassen. Die Gemeinden und Grundbesitzer haben mit Rücksicht auf die gewährte Frist von drei Monaten, hinreichende Zeit sich über einen an die Katasterkommission etwa zu richtenden Antrag auf Stückvermessung schlüssig zu machen.

utilisées pour la révision ou la conservation du cadastre, qu'autant qu'elles seront exécutées par des personnes assermentées, qui auront justifié de leurs capacités et qui auront été agréées par l'autorité compétente. Les opérations d'arpentage seront soumises à la surveillance et à la vérification de l'autorité d'arpentage; les résultats en seront transférés au cadastre de la même manière et sous les mêmes conditions que cela a lieu lors de la confection de plans pour la conservation régulière d'un cadastre revisé

b. *De l'arpentage parcellaire.*

12. L'arpentage parcellaire d'une banlieue, dans le but de renouveler le cadastre (§ 1), est provoqué d'office, si la Commission du cadastre est d'avis qu'une simple révision ne peut être opérée avec utilité.

13. L'arpentage parcellaire d'une banlieue est faite également sur la demande, tant du Conseil municipal que des propriétaires intéressés. La demande doit en être faite à la Commission du cadastre dans les trois mois, au plus tard

---

par cette opération d'arpentage, si du moins elle a eu lieu sous la surveillance de l'administration. La valeur d'un pareil arpentage consiste dans la certitude d'une répartition précise de la superficie indiquée par le cadastre. Aussi paraît-il naturel de lui appliquer les dispositions spéciales édictées pour la conservation des cadastres révisés.

Les opérations auxquelles on n'entend attribuer aucune valeur juridique ou qui ne doivent pas être utilisées pour l'assiette de l'impôt, ne tombent pas sous les dispositions de ce paragraphe.

§ 13. L'administration est obligée de donner suite à toute demande en réarpentage parcellaire; elle ne peut cependant y faire droit que dans la mesure des moyens inscrits au budget et du personnel disponible. Une pareille demande est à bon droit considérée comme tardive, dès que les opérations de révision sont commencées ou terminées dans la commune; on évite au Trésor des frais inutiles par l'obligation de se prononcer avant le commencement des opérations de révision. Le délai de trois mois accordé tant aux communes qu'aux propriétaires est suffisant pour leur permettre de se prononcer, s'ils entendent faire procéder à un réarpentage parcellaire.

der Katasterberichtigung in der betreffenden Gemeinde (§ 2) bei der Katasterkommission zu stellen.

Wenn die Mehrheit der in einer Gemarkung begüterten Grundbesitzer, welche zugleich mindestens zwei Drittel der Fläche vertreten, auf die Stückvermessung dieser Gemarkung anträgt, so ist der Antrag für die übrigen betheiligten Grundbesitzer mitverpflichtend.

14. Bevor mit der Stückvermessung einer Gemarkung begonnen wird, ist die Gemarkungsgrenze durch einen von der Katasterkommission bestellten Sachverständigen unter Zuziehung des Bürgermeisters der Gemeinde und der Bürgermeister der betreffenden Nachbargemeinden an Ort und Stelle zu ermitteln. Streitigkeiten über die Gemarkungsgrenzen werden endgültig vom Ministerium entschieden.

Mit Genehmigung des Ministeriums können bei der vorerwähnten Ermittelung unerhebliche Verlegungen der Gemarkungsgrenze, namentlich zur Gewinnung fester natürlicher Grenzlinien, vorgenommen werden, sofern die betheiligten Grundbesitzer und die Gemeinderäthe zustimmen.

Bezüglich der von der Grenze durchschnittenen, der in eine andere Gemarkung einspringenden und der von einer andern Gemarkung umschlossenen Grundstücke finden die Bestimmungen des § 4 gleichmäßige Anwendung.

15. Vor Beginn des eigentlichen Vermessungsgeschäftes sind sämmtliche Grenzen nach Anweisung der Katasterkommission, soweit erforderlich, mit Steinen oder anderen geeigneten Grenzmarken dauerhaft zu bezeichnen.

---

§ 14. Die Zuziehung des Gemeinderaths könnte die Abwickelung des Geschäftes nur erschweren, der Bürgermeister kann sich aber von geeigneten Auskunftspersonen begleiten lassen.

Bei Meinungsverschiedenheiten über die Lage des Grenzzuges, stand die Entscheidung, nach der Ordonnanz vom 3. Oktober 1821, dem Präfekten bezw. dem Staatsoberhaupt zu. Privatrechtliche Verhältnisse werden durch eine derartige Entscheidung nicht berührt, deßwegen schien es sachgemäß, die fragliche Entscheidung allgemein dem Ministerium zuzuweisen.

§ 15. Die Vorschriften dieses § stehen mit dem allgemeinen Grundsatze des Artikel 646 Code civil im Einklang. Die Verpflichtung zur Vermarkung der Gemarkungs- und Gewanngrenzen liegt den Gemeinden ob, die Kosten

après la publication officielle, qu'il sera procédé à la révision du cadastre de la commune (§ 2).

Si la majorité des propriétaires d'immeubles ruraux situés dans une banlieue, qui représentent également au moins les deux tiers de la superficie, demandent l'arpentage parcellaire de la banlieue, cette demande lie également les autres propriétaires intéressés.

14. Avant de commencer les opérations d'arpentage parcellaire d'une banlieue, il y a lieu de déterminer sur le terrain par un expert désigné par la Commission du cadastre les limites de la banlieue et ce en présence du maire de la commune et des maires des communes limitrophes. Les difficultés qui concernent les limites des banlieues sont vidées en dernier ressort par le ministère.

Des rectifications peu sensibles dans les limites des banlieues peuvent être approuvées par le ministère à l'occasion des opérations d'arpentage, surtout si c'est dans le but d'obtenir des limites fixes naturelles, en tant que les propriétaires intéressés et les Conseils municipaux y donnent leur adhésion.

Les dispositions du § 4 reçoivent également leur application, s'il s'agit soit d'immeubles qui sont traversés par des limites de banlieues, soit d'immeubles qui entrent ou se trouvent englobés dans un autre ban.

15. Avant de commencer les opérations réelles d'arpentage, toutes les lignes de démarcation sont, en tant que besoin, à déterminer d'une manière durable, sur les

---

§ 14. Le Conseil municipal ne pourrait qu'entraver les opérations, si sa présence était nécessaire; le maire peut cependant s'adjoindre des habitants de la commune qui sont au courant de la situation.

L'ordonnance du 3 octobre 1821 remettait la décision en cas de désaccord au préfet ou au gouvernement; aucun intérêt privé n'étant en jeu, il paraît opportun d'en charger le ministère.

§ 15. Les dispositions de ce paragraphe sont conformes au principe posé par l'article 646 du Code civil.

L'obligation d'aborner les banlieues et les confins incombe aux

Die Verpflichtung zur Vermarkung der Gewanne und Gemarkungen liegt den betreffenden Gemeinden, diejenige zur Vermarkung der öffentlichen Wege sowie der sonstigen Verkehrsstraßen den Eigenthümern derselben ob. Die Kosten der Vermarkung aller übrigen Grenzen fallen den Grundeigenthümern zur Last.

Erfolgt die Vermarkung unbestrittener Grenzen nicht innerhalb angemessener Frist, so ist dieselbe von Amtswegen zu bewirken.

Jeder Grundeigenthümer muß die Grenzmarken ohne Entschädigung auf seinem Eigenthum dulden.

16. Zur gütlichen Ausgleichung etwa bestehender Grenzstreitigkeiten sowie zur Klarstellung zweifelhafter Grenzen werden in jeder stückweise zu vermessenden Gemarkung durch den Gemeinderath ein Schiedsmann und ein Vertreter desselben bestellt. Im Falle des Bedürfnisses kann die Bestellung eines Schiedsmannes und eines Stellvertreters für bestimmt abgegrenzte Theile der Gemarkung oder auch die Bestellung mehrerer Schiedsmänner für eine Gemarkung oder bestimmt abgegrenzte Theile derselben erfolgen. Im Uebrigen wird die Ermittelung des Besitzstandes und der sonst in Frage kommenden örtlichen Verhältnisse in derselben Weise wie bei der einfachen Berichtigung (§ 3, Absatz 1) bewirkt.

17. Der Schiedsmann ist befugt, die Betheiligten vorzuladen. Wenn es ihm nicht gelingt, eine Einigung herbeizuführen, so bezeichnet er unter Berücksichtigung des Besitzstandes, der Angaben des bestehenden Katasters und etwaiger sonstiger Auskunftsmittel die Grenze, welche nach Vorschrift des § 15 zu vermarken und als vorläufige in das neue Kataster aufzunehmen ist.

---

der Vermarkung der öffentlichen Wege und Verkehrsstraßen, sowie der einzelnen Grundstücke, fallen den betreffenden Eigenthümern zur Last. (Vergl. Art. 6, Gesetz vom 9. Ventôse an XIII, Art. 19 der Vizinalwegeordnung vom 21. Juli 1854).

§ 17. Der Schiedsmann hat die von ihm getroffene Vereinbarung nicht schriftlich zu beurkunden. Der Vergleich betrifft nur die Grenzlage und nicht ganze Grundstücke, diese Grenzlage kommt in genügend deutlicher

indications de la Commission du cadastre, soit par des pierres, soit par d'autres genres de bornes.

L'obligation d'aborner les cantons et les banlieues incombe aux communes respectives, celle d'aborner les chemins publics ainsi que les autres voies de communication à ceux qui en sont propriétaires. Les frais d'abornement des autres limites sont à la charge des propriétaires des immeubles.

Si l'abornement de limites non contestées n'a pas lieu dans un délai raisonnable, il y est procédé d'office.

Chaque propriétaire a à tolérer les bornes sur sa propriété sans aucune indemnité.

16. Le Conseil municipal désigne pour chaque banlieue soumise à un arpentage parcellaire un arbitre et son remplaçant, qui ont la mission de terminer à l'amiable les difficultés que peut soulever la détermination des limites et d'éclaircir les questions de limites douteuses. Au besoin, on pourra choisir un arbitre et son remplaçant pour des parties bien délimitées d'un ban, ou bien plusieurs arbitres pour un ban ou des parties bien déterminées d'une banlieue. Les constatations de possession et les autres circonstances de fait qui entrent en ligne de compte sont au surplus recueillies comme en cas de révision (§ 3, alinéa 1).

17. L'arbitre peut faire citer les parties intéressées. S'il ne parvient pas à les concilier, il désigne tout en tenant compte de l'état de possession, des indications du cadastre existant et de tous autres renseignements, les limites qui sont à aborner d'après les prescriptions du § 15 et à inscrire au nouveau cadastre comme limites provisoires.

---

communes, les frais d'abornement des chemins publics et autres voies de communication ainsi que des parcelles sont à supporter par les propriétaires respectifs (v. art. 6, loi du 9 ventôse an XIII, art. 19 du règlement des chemins vicinaux du 21 juillet 1854).

§ 17. L'arbitre n'a pas à consigner la transaction par écrit; cette transaction ne se rapporte qu'à des limites et non à la contenance des immeubles et ces limites sont suffisamment déterminées par l'abornement et la mention sur la carte cadastrale.

L'arbitre n'a pas besoin de s'en tenir à l'état de possession et

18. Die Bestimmungen des § 6 finden bei der Stückvermessung einer Gemarkung mit der Maßgabe Anwendung, daß die Eigenthümer, Besitzer, Nutznießer, Pächter und sonstigen Inhaber von Liegenschaften in gleicher Weise verpflichtet sind, Ladungen zum Erscheinen vor dem Schiedsmann Folge zu leisten und demselben die zur Sache verlangten thatsächlichen Aufschlüsse, auf Erfordern unter Vorzeigung der in ihrem Besitz befindlichen Urkunden, zu ertheilen.

19. Auf Grund der Ergebnisse der Stückvermessung werden für die Gemeinde und die Steuerverwaltung neue Katasterbücher aufgestellt und neue Katasterkarten, welche die Meßzahlen enthalten, angefertigt (§ 7).

Die Offenlegung der neuen Katasterurkunden sowie die Prüfung und Erledigung der etwa erhobenen Einwendungen erfolgt nach Vorschrift des § 8.

20. Einwendungen gegen den Inhalt der Katasterurkunden können insbesondere erhoben werden:

1. wegen Ansatzes von Liegenschaften auf unrichtige Namen,
2. wegen unrichtiger Angabe des Flächeninhaltes einer Liegenschaft,
3. wegen unrichtiger Angabe der dauernden Benutzung (Kulturart) einer Liegenschaft,
4. wegen der in den Katasterkarten unrichtig erfolgten Bezeichnung der Lage oder Grenzen einer Liegenschaft,
5. wegen Rechen- und Schreibfehler und sonstiger materieller Irrthümer.

Weise zum Ausdruck in der Vermarkung der Grenze und Aufnahme in die Karte.

Es ist nicht ausgeschlossen, daß der Schiedsmann außer dem Besitzstand und den Angaben des bestehenden Katasters, auch noch andere Hülfsmittel, wie z. B. Bannbücher, Privatpläne, Urkunden u. s. w. zu Rathe zu ziehen hat, um seine Entscheidung über streitige Grenzen zu treffen. Diese Befugniß des Schiedsmannes findet seinen Ausdruck in den Worten: etwaige sonstige Auskunftsmittel.

§ 18. Die Bestimmung über Vorzeigung der Urkunden ist etwas weiter gefaßt als im § 6. Bei der Auskunftsertheilung vor dem Bürgermeister und dem Feldmesser handelt es sich nur um die Konstatirung von Verhältnissen, die Funktionen des Schiedsmannes greifen aber über diesen engen Rahmen erheblich hinaus.

18. Les dispositions du § 6 reçoivent leur application en cas d'arpentage parcellaire d'une banlieue, dans ce sens que les propriétaires, possesseurs, usufruitiers, fermiers et autres détenteurs d'immeubles sont également obligés de donner suite à la citation de comparaître devant l'arbitre et de lui fournir les renseignements de fait qu'il peut désirer, en produisant, s'il l'exige, les titres qui sont en leur possession.

19. Les indications fournies par l'arpentage parcellaire servent à la confection de nouveaux livres et plans cadastraux, sur lesquels sont indiquées les mesures résultant de l'arpentage (§ 7); ces livres et plans sont dressés tant pour la commune que pour l'administration des contributions directes.

L'exposition des nouveaux documents cadastraux ainsi que l'examen et la solution des réclamations ont lieu dans les formes prescrites par le § 8.

20. Les réclamations contre le contenu des documents cadastraux peuvent spécialement être soulevées

1° pour inscription d'un immeuble sous un faux nom;
2° pour indication inexacte de la contenance d'un immeuble;
3° pour indication inexacte du mode de jouissance habituelle (nature de culture) d'un immeuble;
4° pour désignation inexacte au plan cadastral de la situation ou des limites d'un immeuble;
5° pour erreur de calcul ou de plume et autre erreur matérielle.

---

aux indications de l'ancien cadastre, il peut baser son jugement en tenant compte de livres terriers, de plans privés, de titres, etc.; cela ressort des mots: autres documents.

§ 18. La prescription qui se rapporte à la production des titres, est un peu plus sévère que dans le § 6. Pour les renseignements à fournir au maire ou au géomètre, il ne s'agit que de la constatation de faits, tandis que les fonctions de l'arbitre ont une bien plus grande portée.

21. Für die Stückvermessung einer Gemarkung hat die Gemeinde, neben Uebernahme der Bezüge des Schiedsmannes und der in § 9 unter 1 und 2 genannten Ausgaben, an die Landeskasse zu vergüten :

1. bei Vermessungen von Amtswegen drei Zehntel,
2. bei Vermessungen auf Antrag fünf Zehntel

der auf Grund eines vom Ministerium festzusetzenden Gebührentarifes vor Beginn der Vermessung durch die Katasterkommission im Voranschlag festgestellten Kosten.

Die Kosten der Vermarkung (§ 15) bleiben in beiden vorgenannten Fällen demjenigen zur Last, der zur Vornahme der Vermarkung verpflichtet ist.

Hinsichtlich der Ersatzleistungen für Feldbeschädigungen, der von den Auskunftspersonen beanspruchten Vergütungen und der Bezüge des Schiedmannes finden die Bestimmungen im dritten Absatz des § 9 Anwendung.

Die von der Gemeinde zu tragenden Kosten und Kostenantheile sind, soweit die Stückvermessung von Amtswegen erfolgt, aus der Landeskasse zinsfrei vorzuschießen und von den Gemeinden innerhalb der vom Ministerium festzusetzenden Frist, spätestens aber binnen zehn Jahren zu erstatten.

---

§ 21. Die Kosten der Stückvermessungen, welche sich durchschnittlich auf 10 M. für das Hektar belaufen, sind theilweise von den Gemeinden zu tragen, weil den Gemeinden immerhin erhebliche Vortheile geboten werden. Bei Stückvermessung auf Antrag trägt die Gemeinde einen viel größeren Antheil als bei Stückvermessung von Amtswegen, weil erstere über das Maß der Nothwendigkeit hinausgeht und es im Interesse der raschen Durchführung der gesammten Katasterbereinigung liegt.

Das Ministerium hat einen Tarif der Vermessungskosten aufzustellen, in welchem die in dem Lande vorhandenen verschiedenartigen Terrainverhältnisse entsprechende Berücksichtigung finden. Der Katasterkommission wird es obliegen, den Tarif auf die einzelnen Gemarkungen anzuwenden und die voraussichtlichen Kosten der Vermessung hierdurch im Voraus festzustellen. Dadurch kommen die Gemeinden in die Lage zu wissen, bevor sie eine Stückvermessung beantragen, wie hoch sich ihr Antheil an den Gesammtkosten beläuft.

Die Ausgaben für Feldwegeanlagen und ähnliche Feldverbesserungen, für Feldregulirungen nach alten Bannbüchern und dergl., welche etwa mit der Stückvermessung verbunden werden, zählen eben so wenig zu den Kosten dieser Vermessung, wie die Aufwendungen für die Grenzvermarkung. Beide bleiben demnach auch bei den Stückvermessungen von Amtswegen der Gemeinde bezw. den Betheiligten ausschließlich zur Last.

21. La commune a à payer pour les opérations d'arpentage parcellaire le salaire de l'arbitre et les dépenses prévues au § 9 nos 1 et 2, et à bonifier en outre au trésor :

1° en cas d'arpentage d'office, trois dixièmes;

2° en cas d'arpentage sur demande, cinq dixièmes des frais déterminés par la Commission du cadastre avant le commencement des opérations d'arpentage, en prenant pour base le tarif des frais que fixera le ministère.

Les frais d'abornement (§ 15) restent dans les deux cas à la charge de celui auquel incombe l'obligation d'aborner.

Les dispositions de l'alinéa 3 du § 9 s'appliquent aux indemnités pour dommages faits aux champs ainsi qu'aux salaires dus à l'arbitre et aux indicateurs.

Les frais et les parts de frais qu'ont à supporter les communes sont avancés sans intérêts, dans le cas où l'arpentage se fait d'office; ils sont à rembourser par les communes dans le délai que fixe le ministère, mais au moins dans l'espace de dix années.

---

§ 21. Les frais d'arpentage parcellaire qui se montent en moyenne à 10 marcs par hectare, sont à supporter en partie par les communes qui en retirent un avantage incontestable. Les communes supportent une plus grande part des frais en cas d'arpentage sur demande qu'en cas d'arpentage d'office, par le motif que la Commission du cadastre a jugé l'opération inutile et qu'il est désirable de terminer dans un temps limité toute l'opération du renouvellement du cadastre.

Le ministère établit un tarif de frais d'arpentage, en tenant compte de toutes les différences résultant des circonstances et de la nature des terrains. La Commission du cadastre aura ensuite à appliquer ce tarif à chaque commune et à déterminer à l'avance pour chacune d'elles le montant des frais d'arpentage parcellaire, ce qui met les communes en mesure de savoir, avant de former leur demande en arpentage, le montant des frais qui resteraient à leur charge.

Les frais occasionnés par l'établissement de chemins ruraux ou d'autres améliorations agricoles, par le redressement de parcelles d'après d'anciens livres terriers et par d'autres opérations exécutées à l'occasion d'un arpentage parcellaire, sont aussi peu considérés comme frais d'arpentage que les frais d'abornement des limites. Tous ces frais restent à la charge des communes ou des parties intéressées, même en cas d'arpentage parcellaire.

22. Mit Inkrafttreten dieses Gesetzes und bis zur erfolgten Durchführung der Katasterbereinigung (§ 1) kann die Stückvermessung von Gemeindegemarkungen nur durch die von der zuständigen Behörde beauftragten vereideten Sachverständigen und nach den Vorschriften der §§ 2 und 12 bis 21 bewirkt werden.

23. Nachdem die Katasterbereinigung für das Land vollendet ist, erfolgt die Stückvermessung einer Gemarkung nur auf Beschluß des Gemeinderathes. Im Falle einer Meinungsverschiedenheit zwischen Bürgermeister und Gemeinderath wird der Beschluß erst nach seiner Genehmigung durch den Kreisdirektor vollstreckbar. Die Stückvermessung ist in Anwendung der vorstehenden §§ 2 und 14 bis 20 zur Durchführung zu bringen. Sie darf nur von vereideten Personen bewirkt werden, welche ihre Befähigung nachgewiesen und die Ermächtigung der zuständigen Behörde erlangt haben, und unterliegt der unmittelbaren Leitung und Ueberwachung sowie der Prüfung durch die zuständige Vermessungsbehörde. Letztere hat zugleich die vorstehend der Katasterkommission zugewiesenen Funktionen wahrzunehmen.

24. Die in einer auf Stückvermessung beruhenden Karte als unstreitig eingetragenen Grenzen haben für die Besitz- und Eigenthumsverhältnisse der in den Katasterbüchern verzeichneten

---

§ 23. Ein Bedürfniß auch nach Beendigung der Katasterbereinigung einen die Gemeinde verpflichtenden Beschluß, den Grundbesitzer auf Stückvermessung zuzulassen, liegt nicht vor; vielmehr erscheint es angemessen, um die Gleichmäßigkeit in der Verwaltung der Gemeindeangelegenheiten zu wahren, auf die Bestimmungen des Gesetzes vom 24. Juli 1867 zurückzugreifen.

Nach beendeter Katasterbereinigung können auch noch Zuschüsse aus Landesmitteln an die Gemeinden bei Stückvermessungen gewährt werden, wenn die Mittel dazu im Budget ausgeworfen sind oder ein besonderes Gesetz entsprechende Bestimmungen trifft.

§ 24. Die Grenzen, welche in der auf ordnungsmäßiger Stückvermessung beruhenden Karte als nicht bestritten eingetragen sind, stehen zunächst nur in steuerlicher Beziehung fest. Es liegt aber im öffentlichen Interesse und entspricht den im Lande gehegten Erwartungen, wenn solchen Grenzen auch für die civilrechtlichen Verhältnisse durch eine ausdrückliche Vorschrift des

22. L'arpentage parcellaire d'une banlieue ne peut être effectué dès l'entrée en vigueur de la présente loi jusqu'à la clôture des opérations de renouvellement (§ 1), que par des experts assermentés et désignés par l'autorité compétente et seulement dans les formes prescrites par les §§ 2 et 12 jusqu'à 21 de la présente loi.

23. Les opérations de renouvellement du cadastre une fois terminées pour tout le pays, il ne pourra être procédé à l'arpentage parcellaire d'une banlieue qu'en vertu d'un arrêté du Conseil municipal. En cas de désaccord entre le maire et le Conseil municipal, l'arrêté ne deviendra exécutoire qu'après l'approbation du Kreisdirector. L'arpentage parcellaire s'opérera dans les formes prescrites par les §§ 2 et 14 jusqu'à 21. Il ne pourra y être procédé que par des personnes assermentées, qui auront justifié de leurs capacités et obtenu l'approbation de l'autorité compétente; il sera soumis à la sanction et à la surveillance immédiates ainsi qu'au contrôle de l'autorité chargée des travaux d'arpentage. Cette dernière remplira en même temps les fonctions assignées plus haut à la Commission du cadastre.

24. Les lignes de démarcation non contestées qui sont portées sur le plan dressé à la suite d'un arpentage parcellaire ont, à l'égard des détenteurs d'immeubles inscrits

---

§ 23. Le cadastre une fois renouvelé, il n'y a plus de motifs pour conserver aux propriétaires la faculté de demander un arpentage parcellaire; dans l'intérêt de l'uniformité, on revient au contraire aux dispositions genérales de la loi du 24 juillet 1867 sur les Conseils municipaux.

Les opérations de renouvellement une fois terminées, le budget ou une loi spéciale peut encore prévoir des subventions pour les communes qui désirent faire procéder à un arpentage parcellaire.

§ 24. Les limites qui sont indiquées sur la carte dressée après un arpentage parcellaire ne sont fixées que pour l'assiette de l'impôt. Il est cependant de l'intérêt général et il répond aux aspirations des populations que de pareilles limites obtiennent, par une disposition spéciale de la loi, un caractère de fixité pour les rapports civils. Il est naturel d'admettre, s'il n'est soulevé aucune réclamation contre l'exactitude d'une limite ni pendant l'aborne-

Inhaber der Liegenschaften dieselbe Bedeutung, als wenn sie von den Letzteren selbstständig vereinbart und festgesetzt worden wären. Das Gleiche gilt von den in Gemäßheit des § 17 als vorläufige eingetragenen Grenzen, sofern nicht innerhalb zweier Jahre nach Offenlegung der Karte der Vermessungsbehörde der Nachweis erbracht ist, daß die in den Katasterbüchern verzeichneten Inhaber über eine andere Grenze sich nicht geeinigt oder den Rechtsweg beschritten haben.

Auf die im Absatz 1 bezeichnete Rechtsfolge ist in den den Beginn der Vermessungsarbeiten sowie die Offenlegung der Karte betreffenden Bekanntmachungen ausdrücklich hinzuweisen.

Durch Uebergriffe über die in der Karte verzeichneten Grenzen wird weder Besitz noch Ersitzung begründet.

Die Karten, welche auf einer seit dem 1. April 1879 bis zum Inkrafttreten dieses Gesetzes begonnenen oder durchgeführten Stückvermessung beruhen, sind nach Maßgabe des § 8 offenzu-

---

Gesetzes ein bleibender Werth beigelegt wird. Ist gegen die Richtigkeit einer Grenze weder bei der Aussteinung und Aufmessung, noch bei der Offenlegung der Karten ein Einwand erhoben worden, so darf dieselbe wohl auch hinsichtlich der Besitz- und Eigenthumsverhältnisse der Betheiligten, als richtig angenommen werden. Die gleiche Bedeutung können auch diejenigen Grenzen beanspruchen, welche im Falle eines Streites vom Schiedsmanne bezeichnet, und als vorläufige eingetragen sind, sobald die Betheiligten den Rechtsweg nicht beschreiten oder über eine andere Grenze sich nicht einigen.

Dritten gegenüber sind den fraglichen Grenzen keine Beweiskraft beigelegt worden und zwar im Einklange mit dem bestehenden Civilrecht. Die Inhaber der Liegenschaften sind wohl in der großen Mehrzahl der Fälle auch die wirklichen Eigenthümer.

Inwiefern eine solche Grenzfestlegung, insbesondere wegen Irrthümer, angefochten werden kann, bestimmt sich nach allgemeinen Rechtsgrundsätzen.

Im Interesse des Eigenthümers wird im Absatz 3 für die sichere Erhaltung der in die Karte übernommenen Grenzen Fürsorge getroffen. Diese Vorschrift bezieht sich nach ihrer Fassung nur auf die von einem Nachbar gegen den anderen, im Widerspruch mit der Grenze vorgenommenen, auf theilweise Besitzergreifung des Nachbargrundstücks gerichteten Handlungen, nicht aber auf Handlungen, welche als bloße Grenzverletzungen sich nicht karakterisiren; insbesondere bleibt daher die Ersitzung eines Grundstückes im Ganzen durch die Nachbarn oder Dritte nach den Grundsätzen des bürgerlichen Rechts noch fernerhin zuläßig.

dans les livres cadastraux, la même portée par rapport à la possession ou à la propriété que si elles avaient été fixées d'un commun accord entre les propriétaires. Il en est de même des limites inscrites provisoirement en vertu du § 17, dans le cas où la preuve n'est pas fournie à l'autorité chargée des travaux d'arpentage, avant l'expiration du délai de deux ans après l'exposition officielle du plan, que les détenteurs inscrits aux livres cadastraux se sont entendus et ont admis une autre limite ou qu'ils ont introduit une action judiciaire.

Dans les publications annonçant le commencement des opérations d'arpentage ainsi que l'exposition du plan, il y a lieu de rendre expressément attentif aux conséquences juridiques prévues par l'alinéa 1.

Les empiétements en dehors des limites indiquées au plan ne peuvent servir de base à la possession ou à la prescription.

Les plans qui reposent sur des opérations d'arpentage commencées ou terminées depuis le 1er avril 1879 jusqu'à

---

ment et l'arpentage ni durant l'exposition des documents cadastraux à la mairie, que cette limite est exacte par rapport aux droits de possession et de propriété des parties interessées. La même importance peut être attribuée aux limites indiquées par l'arbitre en cas de contestation, du moment que les parties intéressées ont laissé passer les délais indiqués dans la loi sans réclamer.

Aucun caractère légal n'est attribué à ces limites vis-à-vis des tiers, selon les principes du droit civil. Les détenteurs des immeubles sont du reste, dans la plupart des cas, aussi les véritables propriétaires.

Les principes généraux de la matière s'appliquent aux contestations soulevées à la suite d'une pareille délimitation de limites, surtout en cas d'erreur de la part de l'une ou l'autre des parties.

Dans l'intérêt des propriétaires, l'alinéa 3 a pour effet d'attribuer aux limites indiquées sur la carte, un caractère de fixité. Cette disposition ne s'applique cependant qu'au fait d'un voisin qui cherche à empiéter en partie sur l'héritage de l'autre voisin, en ne respectant pas les lignes séparatives. Les principes généraux du droit civil sur la prescription continuent à recevoir leur application dans le cas où un voisin ou un tiers possède pendant quelque temps tout l'immeuble.

legen und die darin bezeichneten Grenzen, soweit dieselben bestritten bleiben, als vorläufige (§ 17)erkennbar zu machen. Auf die in der Karte eingetragenen Grenzen finden die Vorschriften der vorstehenden Absätze 1 und 3 und auf die die Offenlegung der Karte betreffende Bekanntmachung die Vorschrift im Absatz 2 Anwendung.

II. Ausgleichung der Grundsteuer.

Abschnitt II (§ 25—48) ist durch das Gesetz vom 6. April 1892 ersetzt (vgl. S. 90 ff.)

25. Im Anschluß an die Katasterbereinigung (Berichtigung oder Stückvermessung) findet unter Leitung der Katasterkommission eine allgemeine Revision und Ausgleichung der Grundsteuerreinerträge sowohl der Grundstücke als der Gebäude statt. Die Inhaber der Liegenschaften sind verpflichtet, die zu diesem Zwecke erforderlichen örtlichen Erhebungen zu gestatten.

---

§ 25. Der Umstand, daß zur Zeit der Errichtung des bestehenden Katasters eine eigentliche Ausgleichung der Ergebnisse zwischen den verschiedenen Gemeinden nicht stattgefunden hat, so daß die Vertheilung des Grundsteuerkontingents von vornherein eine ungleichmäßige gewesen ist, hat fortwährend zu Beschwerden Veranlassung gegeben; dazu kommt noch, daß die Abschätzungskommissionen in vielen Gemeinden nicht mit der erforderlichen Unpartheilichkeit zu Werke gegangen sind. Gegenwärtig ist die Ungleichheit zwischen den Grundsteuern, welche in verschiedenen Gemeinden für Grundstücke mit derselben Kulturart bestehen, im Verhältniß zum wirklichen Reinertrage eine außerordentliche und schwankt zwischen 1,25 bis 25,5 %. Diesem anerkannten Uebelstand wird durch die in Aussicht genommene genaue Abschätzung des Reinertrags jeglicher Art behufs Ausgleichung der Steuer abgeholfen.

Die Grundsteuer wird fernerhin eine Quotitätssteuer und nicht mehr eine Repartitionssteuer sein.

Für die Folge wird die Vertheilung derselben nicht nur wie bisher, innerhalb der Gemeinde, sondern für das ganze Land nach gleichen Verhältnißzahlen erfolgen. Nach Durchführung der Reinertragsschätzung und erfolgter Ausgleichung der Grundsteuer, wird auch an der Unveränderlichkeit der Reinertragssumme für die einzelnen Kulturarten und Klassen, sowie der Klasseneintheilung und Klasseneinrichtung festgehalten.

Das Gesetz hat an den weiteren Grundsätzen der früheren Gesetzgebung nichts geändert. Nach dem Gesetze vom 3. Frimaire des Jahres VII, Artikel 3, muß als besteuerbarer Reinertrag Alles angesehen werden, was vom Ertrage eines Grundstücks nach Abzug der Produktions- und Unter-

l'entrée en vigueur de la loi, sont à exposer dans les formes indiquées par le § 8; les lignes de démarcation qui y sont indiquées sont à considérer comme provisoires (§ 17) en tant qu'elles sont litigieuses. Les dispositions des alinéas 1 et 3 s'appliquent aux limites tracées sur le plan et les dispositions de l'alinéa 2 à la publication relative à l'exposition du plan.

II. De la péréquation de l'impôt foncier.

Le Chapitre II (§ 25 à 48) est remplacé par la loi du 6 avril 1892 (voyez pag. 90 et suiv.)

25. Une révision générale et la péréquation des revenus nets fonciers auront lieu sous la direction de la Commission du cadastre, tant pour les propriétés bâties que pour celles non bâties, conjointement avec les opérations de renouvellement (révision ou arpentage parcellaire). Les détenteurs d'immeubles sont obligés de se soumettre aux recherches et relevés nécessaires à faire sur le terrain.

---

§ 25. Lors de la confection du cadastre, on n'a pas procédé à la péréquation des évaluations entre les différentes communes, de sorte que la répartition du contingent a été faite d'une manière très inégale et a donné lieu à des plaintes continuelles ; dans la pratique les Commissions chargées de l'évaluation de détail dans les communes n'ont pas agi partout avec l'impartialité désirable. Actuellement les inégalités entre les contributions payées d'une commune à l'autre pour des terres de même nature de culture par rapport au revenu net, atteignent des proportions énormes et varient entre 1,25 et 25,5 %. Les nouvelles évaluations du revenu net de toute nature pour arriver à la péréquation de l'impôt, mettront fin à cet état de choses.

L'impôt foncier a été jusqu'à présent un impôt de répartition et de répartition bien inégale. La péréquation servira à le transformer en un impôt de quotité à base fixe pour chaque immeuble. La répartition se fera à l'avenir pour tout le pays d'après des taxes uniformes. Les évaluations du revenu net une fois faites et la péréquation terminée, il ne sera plus rien changé au tarif pour les cultures et les classes, et l'on maintiendra les nouveaux classements et classifications.

La loi n'a pas modifié les autres dispositions des lois fiscales. D'après le § 3 de la loi du 3 frimaire an VII, le revenu net est ce qui reste au propriétaire d'une terre, déduction faite sur le produit

26. Zu dem vorbezeichneten Zwecke wird die ganze Fläche des Landes nach der Gleichartigkeit der Bodenverhältnisse, der Erhebung über den Meeresspiegel, der Lage und Bewirthschaftungsweise der Feldgüter sowie der Bevölkerungs- und Verkehrsverhältnisse in eine entsprechende Anzahl von Einschätzungsdistrikten getheilt.

Diese Eintheilung erfolgt durch die Kommission der Landesschätzer und unterliegt der Genehmigung der Katasterkommission.

27. Die Kommission der Landesschätzer besteht aus elf Mitgliedern, einschließlich des Vorsitzenden. Sechs dieser Mitglieder werden durch den Landesausschuß gewählt, die übrigen Mitglieder, einschließlich des Vorsitzenden, von dem Ministerium bestellt.

In gleicher Weise ist für jedes Mitglied ein Ersatzmann zu bezeichnen.

Die Kommission kann sich aus den Ersatzmännern durch Kooption soweit verstärken, daß, ausschließlich des Vorsitzenden, auf jeden Einschätzungsdistrikt ein Mitglied kommt.

28. Die Kommission faßt ihre Beschlüsse nach Stimmenmehrheit. Sie ist beschlußfähig, wenn mindestens zwei Drittel der Mitglieder anwesend sind.

Die Kommission ist berechtigt, zu ihren Arbeiten jederzeit

---

haltungskosten übrig bleibt. Für die Ländereien besteht der Reinertrag im Bruttoertrag, weniger die Kosten der Bebauung, Einerntung und Unterhaltung. Der Reinertrag der Wohnhäuser, Fabriken, Mühlen und dergl. wird lediglich nach dem Miethswerth berechnet (Artikel 82, Gesetz vom 3. Frimaire VII). Als besteuerbarer Reinertrag bezeichnet das Gesetz den für eine Reihe von Jahren berechneten mittleren Ertrag.

Die Ausführung der Schätzungsarbeiten ist durch die Einrichtung der Landesschätzer der Bevölkerung selbst übertragen. Es wird Aufgabe der Kommissionen sein, dahin zu wirken, daß die Einschätzungen in den einzelnen Gemarkungen überall den Musterschätzungen entsprechen.

Mit der Bildung der Schätzungsdistrikte und der Auswahl der Mustergemarkungen braucht nicht bis zur vollen Beendigung der Katasterbereinigung gewartet zu werden; es wird zweckmäßig sein, bereits im letzten Stadium des Bereinigungswerkes mit den bezüglichen Arbeiten vorzugehen.

§ 28. Bei Stimmengleichheit entscheidet der Vorsitzende. Der Landesschätzer kann bei der Abschätzung seines oder seiner nächsten Anverwandten Eigenthums nicht mitwirken.

26. Toute la superficie territoriale du pays sera partagée, à cet effet, en un certain nombre de districts d'évaluation, qui seront formés en prenant pour base la nature similaire des terrains, l'élévation au-dessus du niveau de la mer, la situation et la culture des immeubles ruraux ainsi que l'état de la population et des voies de communication.

Le partage en districts est effectué par la Commission des taxateurs du pays et est sujette à l'approbation de la Commission du cadastre.

27. La Commission des taxateurs du pays se compose de onze membres, y compris le président. Six membres sont choisis par la Délégation, les autres membres, y compris le président, par le ministère.

Pour chaque membre il sera désigné, dans la même forme, un remplaçant.

La Commission peut se renforcer par des remplaçants, au moyen de la cooptation, jusqu'à ce qu'il y ait un membre pour chaque district d'évaluation, non y compris le président.

28. La Commission décide à la majorité des voix. Elle peut prendre des décisions, dès que les deux tiers des membres sont présents.

---

brut, des frais de culture, semence, récolte et entretien; le revenu imposable est le revenu net moyen, calculé sur un nombre d'années déterminé. Le revenu net imposable des maisons d'habitation, fabriques, moulins, etc., est déterminé d'après leur valeur locative (art. 82 de la même loi).

L'exécution des travaux d'évaluation est confiée à la population elle-même par l'organisation des taxateurs du pays. Les Commissions auront à veiller à ce que les évaluations dans les différentes communes soient bien conformes aux évaluations-type.

Il ne sera pas nécessaire d'attendre la fin des travaux de renouvellement du cadastre pour former les districts d'évaluation et choisir les banlieues-type; ces opérations pourront commencer dans la dernière période des travaux de renouvellement.

§ 28. La voix du président décide en cas d'égalité de voix. Le taxateur du pays ne peut pas fonctionner lors de l'évaluation de parcelles qui lui appartiennent ou sont la propriété de proches parents.

Sachverständige mit berathender Stimme zuzuziehen. Das Nähere über den Geschäftsgang der Kommission und die Bezüge der Mitglieder derselben bestimmt das Ministerium.

29. Die Kommission der Landesschätzer hat nach Feststellung der Einschätzungsdistrikte (§ 26) in jedem derselben die erforderliche Zahl von Gemarkungen auszuwählen, welche thunlichst sämmtliche Bodenarten des Distriktes enthalten und zur Vornahme von Musterschätzungen geeignet sind.

30. In diesen Gemarkungen (Mustergemarkungen) hat die Kommission der Landesschätzer zu ermitteln, in wie weit die nach dem Kataster bestehende Eintheilung des Grund und Bodens in Kulturarten und Klassen und die Einreihung der einzelnen Grundstücke in die Klassen dieser Kulturart der Gegenwart entspricht. In entsprechender Weise ist bezüglich der Gebäude zu verfahren.

Je nach dem Ergebniß dieser Ermittelungen hat die Kommission entweder die erforderliche Ergänzung und Berichtigung vorzunehmen oder eine vollständig neue Klassenbildung und Einreihung der Einzelnen Grundstücke und Gebäude in diese Klassen zu bewirken.

31. Ueber die Zahl der für die Gebäude sowie für jede Kulturart des nicht überbauten Bodens höchstens zulässigen Klassen entscheidet die Katasterkommission.

Die Eintheilung des nicht überbauten Bodens nach seiner dauernden Benutzung (Kulturart) kann nur erfolgen in : Ackerland, Gärten, Rebland, Wiesen, Weiden, Holzungen, Wasserstücke, Oedland, Unland, Hofraithe.

---

§ 29. Einwendungen gegen die Seitens der Kommission der Landesschätzer getroffene Wahl finden nicht statt.

§§ 30 u. 31. Die Zahl der für die einzelnen Kulturarten zulässigen Bonitätsklassen ist nicht bestimmt festgestellt. Die bezügliche Grenze kann nicht zu eng gezogen werden, weil auf die Verschiedenartigkeit in der Bodenbeschaffenheit thunlichst weite Rücksicht zu nehmen ist, andererseits darf jedoch über das nothwendige Maß nicht hinausgegangen werden; deßwegen entscheidet die Katasterkommission, die den besonderen Verhältnissen Rechnung tragen kann.

Bei Bemessung der zulässigen Kulturarten ist es nicht erforderlich, ein

La Commission peut s'adjoindre en tout temps des experts avec voix consultative. Le ministère règle plus spécialement tout ce qui concerne la marche des travaux et le salaire des membres.

29. La Commission des taxateurs du pays a, après avoir déterminé les districts d'évaluation, à choisir dans chacun de ces districts un nombre suffisant de banlieues contenant autant que possible toutes les espèces de terrain que celles du district et pouvant être prises de base pour les estimations qui doivent servir de modèle.

30. La Commission des taxateurs du pays recherche dans ces banlieues (banlieues-type) jusqu'à quel point concordent avec l'état actuel la classification en natures de cultures et en classes et le classement de chaque parcelle, tels qu'ils résultent du cadastre. La même procédure est à suivre pour les bâtiments.

La Commission procède, en tenant compte de ses constatations, soit aux modifications et rectifications devenues nécessaires, soit à un nouveau classement; elle classe ensuite dans leurs classes les différentes propriétés bâties et non bâties.

31. La Commission du cadastre décide le nombre de classes qui peuvent au maximum être formées tant pour les bâtiments que pour chaque culture de propriétés non-bâties.

Les distinctions à faire pour les propriétés non bâties d'après leur culture (*Kulturart*) ne peuvent consister qu'en: champs, jardins, vignes, prés, pâturages, bois, étangs, terres incultes, terrains non cultivables, cour.

---

§ 29. Aucune objection n'est admissible contre le choix fait par la Commission des taxateurs du pays.

§§ 30 et 31. Le nombre des classes pour chaque culture d'après la valeur du terrain n'est soumis à aucune restriction. Il n'est pas possible de restreindre le cercle de ces classes, à raison de la trop grande variété dans la nature du sol, le cercle ne doit pas cependant s'étendre plus qu'il n'est nécessaire. Aussi la Commission du

32. Nach Feststellung der einzelnen Kulturarten und Klassen der Mustergemarkungen jedes Schätzungsdistriktes hat die Kommission der Landesschätzer für jede Kulturart und Klasse des nicht überbauten Bodens den Reinertrag auf Grund der Marktpreise aus den Jahren 1874 bis einschließlich 1885 unter Fortlassung des billigsten und theuersten Jahres durch Einzelberechnung zu bestimmen.

Der Reinertrag der einzelnen Klassen der Gebäude sowie derjenigen Gebäude, welche in eine Klasse nicht eingereiht werden konnten, ist nach dem mittleren jährlichen Miethswerth derselben festzustellen und letzerer nach Maßgabe der bestehenden gesetzlichen Bestimmungen soweit thunlich nach den durchschnittlichen Miethspreisen abzumessen, welche innerhalb der vorhergehenden fünf Jahre in der Gemeinde oder dem Schätzungsdistrikte bedungen worden sind.

ähnlicher Spielraum zu lassen, vielmehr ist es wichtig, um ein Urtheil über die Gleichmäßigkeit der Abschätzung für weite Kreise zu gewinnen, daß eine nicht zu große Reihe von Kulturbezeichnungen mit feststehender, bestimmt abgegrenzter Bedeutung vorliege. Diese Beschränkung in der Zahl der Kulturarten hindert jedoch nicht, zur Herbeiführung einer größeren Gemeinverständlichkeit der Katasterbücher in den letzteren diejenigen Grundstücke, welche der landwirthschaftlichen Benutzung im engsten Sinne entzogen und gesetzlich der Besteuerung nicht nach ihrem eigenen Ertrage, sondern nach bestimmten Regeln unterliegen (z. B. Bergwerke, Steingruben, Mühlkanäle, Eisenbahnen u. s. w.), entsprechend ihrer wirklichen Verwendung zu bezeichnen.

§ 32. Das Gesetz regelt das äußere Verfahren bei den Ab- und Einschätzungen zum Zwecke der Grundsteuerausgleichung; es hat aber keine Aenderung an den Grundsätzen der früheren Gesetzgebung, bei Ermittelung und Abmessung des steuerpflichtigen Reinertrages, sowie bei Veranlagung der Grundsteuer eintreten lassen (Gesetz vom 3. Frimaire VII, 5. Floreal XI, Dekret vom 11. August 1808, Gesetz vom 23. Juli 1820, Gesetz vom 18. Juli 1836, Gesetz vom 17. Juni 1840, Gesetz vom 8. Mai 1869, Gesetz vom 15. Mai/8. Dezember 1873, Gesetz vom 26. Dezember 1873 u. s. w.).

Eine Ausnahme enthält der § in Bezug auf das Durchschnittsjahr, welches nicht mehr aus den letzten fünfzehn Jahren, sondern nur aus den letzten zwölf Jahren b steht.

Um Ungleichmäßigkeiten in der Abschätzung vom Gebäude zu verhüten, werden die fünf Jahre von der Katasterkommission seiner Zeit bezeichnet.

32. La Commission des taxateurs du pays, après avoir recherché spécialement la culture et déterminé les classes dans les banlieues-type de chaque district d'évaluation, calcule le revenu net pour chaque nature de culture et chaque classe d'immeubles non bâtis, en prenant pour base les mercuriales des années 1874 jusqu'à 1885 inclusivement et en faisant abstraction de l'année la plus forte et de l'année la plus faible.

Le revenu net des différentes classes de bâtiments et des bâtisses qui ne peuvent être rangées dans une classe, se détermine d'après la moyenne de leur valeur locative annuelle, et cette dernière valeur se fixe en tenant compte, dans la mesure du possible, des dispositions légales et de la moyenne du prix de location obtenu pendant les cinq dernières années dans la commune ou dans le district d'évaluation.

---

cadastre peut-elle intervenir et tenir compte des circonstances particulières qui peuvent se présenter.

Les mêmes facilités ne pourraient pas être accordées pour la détermination de la culture; car il est très important, dans l'intérêt de l'égalité dans les estimations, qu'il n'y ait pas un trop grand nombre de désignations de culture. Cette restriction n'empêche pas cependant que, dans l'intérêt de la clarté des livres cadastraux, on n'inscrive sous une autre désignation des parcelles qui ne sont pas soumises à une exploitation agricole et tarifées d'après leur revenu net, mais d'après d'autres principes (par exemple les mines, les carrières, les canaux des moulins, les chemins de fer, etc.).

§ 32. La présente loi se contente de régler la procédure à suivre dans les estimations pour arriver à la péréquation de l'impôt foncier; elle ne modifie pas les principes de l'ancienne législation pour la fixation de l'impôt (voir lois du 3 frimaire an VII, 5 floréal an XI, décret du 11 août 1808, lois du 23 juillet 1820, du 18 juillet 1836, du 17 juin 1840, du 8 mai 1869, du 15 mai et 8 décembre 1872, du 26 décembre 1873, etc.).

Le § 32 contient une exception en ce que la moyenne ne se calcule plus d'après les quinze, mais d'après les douze dernières années.

La Commission du cadastre aura à désigner, pour maintenir l'égalité, quelles sont les cinq années qui doivent entrer en ligne de compte pour les bâtiments.

33. Sobald die Mustereinschätzungen in sämmtlichen Schätzungsdistrikten durchgeführt sind, hat die Kommission der Landesschätzer das Ergebniß derselben zusammenzustellen und einer Prüfung dahin zu unterziehen, ob die für die verschiedenen Schätzungsdistrikte ermittelten Reinerträge unter einander in richtigem Verhältniß stehen. Gegebenen Falles sind die erforderlichen Ausgleichungen vorzunehmen.

34. Die Ergebnisse der Mustereinschätzungen werden von der Katasterkommission geprüft und nach vorhergegangener öffentlicher Bekanntmachung während einer Ausschlußfrist von einem Monat auf dem Bürgermeisteramt der eingeschätzten Gemarkung zur Einsichtnahme offen gelegt. Die Reinertragssätze sowie die ihnen zum Grunde liegenden Produkten-, Arbeits-, Material- und Miethspreise werden außerdem durch die amtlichen Blätter zur allgemeinen Kenntniß gebracht.

Einwendungen können während der vorbezeichneten Ausschlußfrist entweder der Katasterkommission eingesandt oder bei dem Bürgermeisteramt vorgebracht werden. Dieselben sind zulässig gegen

1. die Zahl und Abgrenzung der Klassen für die verschiedenen Kulturarten und Gebäude,
2. die Einreihung der einzelnen Grundstücke und Gebäude in die Kulturarten und Klassen,
3. die Festsetzung des Reinertrages für die einzelnen Kulturarten und Klassen und für die nicht in Klassen eingereihten Gebäude.

Einwendungen gegen die unter 1 und 2 bezeichneten Punkte können nur von den Eigenthümern oder Nutznießern der Liegenschaften erhoben werden. Einwendungen gegen die Reinertragsfestsetzung stehen dagegen jedem Grundbesitzer des Landes zu; sie müssen jedoch speziell begründet sein.

35. Die Entscheidung der Einwendungen erfolgt durch die Katasterkommission, welche geeigneten Falles eine Nachschätzung veranlaßt.

---

§ 35. Dem Beschwerdeführer fallen keine Kosten zur Last.

33. Les évaluations-type une fois terminées dans tous les districts, la Commission des taxateurs du pays réunit les données de ces évaluations et les soumet à un examen, pour vérifier si les revenus nets trouvés dans les différents districts d'évaluation concordent entre eux. Elle procède, le cas échéant, aux compensations qui paraissent nécessaires.

34. Les résultats des évaluations-type sont vérifiés par la Commission du cadastre et exposés, après les publications préalables, à la mairie de la banlieue qui en a fait l'objet pendant un délai péremptoire d'un mois.

Le tarif des revenus nets ainsi que les évaluations des récoltes, frais de culture, semences et autres matières premières (*Materialpreise*) et de la location sont en outre portés à la connaissance du public par l'insertion dans les feuilles officielles.

Les réclamations peuvent être transmises dans le délai péremptoire susindiqué à la Commission du cadastre ou être produites à la mairie. Elles peuvent avoir pour objet:

1° le nombre de classes et le classement dans les classes pour les différentes espèces de culture et les bâtiments;

2° le classement de tels immeubles bâtis et non bâtis dans les natures de culture et classes;

3° le tarif du revenu net pour telles classes et natures de culture et les bâtiments non classés.

Les réclamations qui se rapportent aux objets énumérés sous nos 1 et 2, ne peuvent être soulevées que par les propriétaires et les usufruitiers des immeubles. Les réclamations contre l'évaluation du revenu net peuvent au contraire être soulevées par tout propriétaire d'immeubles situés dans le pays; elles doivent cependant être appuyées de justifications.

35. Les réclamations sont jugées par la Commission du cadastre, qui provoque au besoin une nouvelle évaluation.

---

§ 35. Les frais ne peuvent jamais être mis à la charge de l'appelant.

Die Nachschätzung ist durch eine Kommission zu bewirken, welche aus einem Mitgliede der Katasterkommission als Vorsitzenden, zwei Landesschätzern und zwei Ersatzmännern besteht. Die Landesschätzer und Ersatzmänner werden von der Katasterkommission berufen.

Die Katasterkommission ist an das Ergebniß der Nachschätzung nur in so weit gebunden, als die nothwendige Gleichmäßigkeit der Einschätzung durch das ganze Land dies zuläßt.

Gegen den abweisenden Bescheid der Katasterkommission ist, sofern derselbe von dem Ergebniß der Nachschätzung abweicht oder ohne Einleitung einer Nachschätzung ertheilt wird, binnen einer Ausschlußfrist von zwei Wochen die Berufung an das Ministerium zulässig.

Das Ministerium entscheidet endgültig. Eine weitere Nachschätzung findet nicht statt.

36. Nachdem die Einwendungen gegen die Mustereinschätzungen erledigt sind, werden die Ergebnisse dieser Einschätzungen von der Katasterkommission endgültig festgestellt und die Reinertragssätze mit ihren Unterlagen veröffentlicht.

Die Mustereinschätzungen dienen für die Einschätzungen in den übrigen Gemarkungen des betreffenden Schätzungsdistriktes in der Weise als Muster und Anhalt, daß an der Hand der Musterschätzungen sogleich auf den Reinertrag der entsprechenden Kulturarten und Klassen geschlossen werden kann, wenn und

---

§ 36. Da die Schätzungsdistrikte nach der Gleichartigkeit der Boden- und Absatzverhältnisse u. s. w. gebildet und die Mustergemarkungen so gewählt werden, daß sie thunlichst sämmtliche Bodenarten des Distriktes enthalten, so kann an der Hand der Musterschätzungen sogleich und ohne Einzelberechnung auf den Reinertrag der einzelnen Kulturarten und Klassen geschlossen werden und zwar aus Zweckmäßigkeitsrücksichten, weil im anderen Falle eine erhebliche Menge Zeit für die Tarifbildung in den einzelnen Gemarkungen verloren gingen und der Abschluß des Werthes unerwünscht hinaus geschoben werden würde.

Beim Vorhandensein einer in der Mustergemarkung nicht vertretenen Bodenart u. dgl. kann eine ergänzende Reinertragsberechnung zugelassen werden, aber nur unter Zugrundelegung der für die Mustergemarkung festgestellten Produkten-, Arbeits- und Materialpreise.

Cette nouvelle évaluation est faite par une Commission composée d'un membre de la Commission du cadastre comme président, de deux taxateurs du pays et deux remplaçants. Les taxateurs et les remplaçants sont désignés par la Commission du cadastre.

La Commission du cadastre n'est liée par les résultats de la nouvelle évaluation, qu'autant qu'ils ne dérangent l'uniformité des évaluations, qui est indispensable pour tout le pays.

Est recevable pendant le délai péremptoire de deux semaines, l'appel au ministère contre la décision du rejet de la Commission du cadastre, dans le cas où elle ne concorde pas avec les résultats de la nouvelle évaluation ou si elle a été rendue sans cette opération préliminaire.

La décision du ministère est en dernier ressort. Une nouvelle contre-évaluation n'a jamais lieu.

36. Les réclamations contre les évaluations-type une fois vidées, la Commission du cadastre en fixe les résultats et publie les tarifs des revenus nets avec les bases sur lesquelles ils reposent.

Les évaluations-type servent de modèle et de guide pour les évaluations dans les autres banlieues du même district d'évaluation, de sorte qu'il est possible de déterminer de suite le revenu net des mêmes genres de culture et classes, en prenant pour base les évaluations-type, à moins que

---

§ 36. Les districts d'estimation étant formés de façon à ce qu'il y ait uniformité de terrains et de produits, etc., et les banlieues-type étant choisies de tello sorte qu'elles renferment autant que possible toutes les natures de terrains du district, il est facile de trouver *de suite* et sans calcul détaillé, le revenu net de chaque culture et classe, en prenant simplement pour base les estimations-type. Ce mode de procéder offre l'avantage d'éviter une grande perte de temps qui résulterait de la confection d'un tarif pour chaque banlieue et de permettre de hâter les travaux de péréquation.

S'il devait se présenter une nature de terrain ne se rencontrant pas dans la banlieue-type, il y aurait lieu de procéder exceptionnellement à un calcul complémentaire du revenu net.

soweit nicht ausnahmsweise eine vollständige Einzelberechnung durch besondere Umstände nothwendig gemacht wird.

37. Die Einschätzung in den einzelnen Gemarkungen jedes Schätzungsdistriktes erfolgt durch Schätzungskommissionen. Jede Kommission besteht aus drei Mitgliedern, und zwar, einem von dem Ministerium bestimmten Beamten als Vorsitzenden, einem Distriktsschätzer und einem Ortsschätzer. Bei der Einschätzung von Waldungen und Gebäuden kann die Schätzungskommission nach Bestimmung der Katasterkommission durch Zuziehung von Sachverständigen mit berathender Stimme verstärkt werden.

Die Katasterkommission bestimmt die Zahl der Schätzungskommissionen für die einzelnen Distrikte. Die Bezirkstage wählen für jeden Distrikt die erforderlichen Distriktsschätzer. Die Ortsschätzer werden von den Gemeinderäthen gewählt. Für jedes Mitglied der Schätzungskommission wird in gleicher Weise ein Ersatzmann bestimmt. Sind die vom Bezirkstag gewählten Distriktsschätzer nicht in der Lage, ihre Funktionen auszuüben, so beruft die Katasterkommission die weiter erforderlichen Distriktsschätzer.

Die Schätzungskommission faßt ihre Beschlüsse nach Stimmenmehrheit. Im Uebrigen werden der Geschäftsgang und die Bezüge der Mitglieder vom Ministerium geregelt.

---

§ 37. In jedem Distrikt werden je nach dem Umfange desselben eine oder mehrere Kommissionen nebeneinander thätig sein. Die Distriktsschätzer werden vom Bezirkstag bezeichnet, nachdem vorher die Katasterkommission die Anzahl derselben für jeden Schätzungsdistrikt bestimmt hat. Der Vorsitzende und der Distriktschätzer erlangen die nöthige Information zur Durchführung ihrer Aufgabe dadurch, daß sie der Mustereinschätzung für den Distrikt beiwohnen. Der Ortsschätzer wechselt mit jeder Gemarkung; er hat das Interesse der Gemeinde zu vertheidigen.

Von Einschätzung von Gebäuden wird öfters zum Theil auf den Bauwerth zurückgegangen werden müssen.

des circonstances particulières et exceptionnelles ne rendent nécessaire un nouveau calcul général.

37. Les évaluations à faire dans les différentes banlieues de chaque district se font par des Commissions d'évaluation. Chaque Commission se compose de trois membres, savoir : d'un membre, désigné par le ministère, comme président, d'un taxateur de district et d'un taxateur local. Quand il s'agit d'évaluer des bois et des bâtiments, la Commission d'évaluation peut être renforcée par la Commission du cadastre, au moyen d'experts ayant voix consultative qu'elle lui adjoint.

La Commission du cadastre fixe le nombre de Commissions d'évaluation pour chaque district. Les Conseils généraux choisissent pour chaque district un nombre suffisant de taxateurs de district. Les taxateurs locaux sont nommés par les Conseils municipaux. Un remplaçant est désigné dans la même forme pour chaque membre de la Commission d'évaluation. Si les taxateurs de district choisis par le Conseil général sont empêchés de remplir leurs fonctions, la Commission du cadastre appelle à ces opérations d'autres taxateurs de district en nombre suffisant.

La Commission d'évaluation prend ses décisions à la majorité des voix. Le mode de procéder et le salaire des membres sont réglés par le ministère.

---

§ 37. Dans chaque district il y aura une ou plusieurs Commissions travaillant l'une à côté de l'autre selon l'étendue du district.

Les taxateurs de district sont désignés par le Conseil général, après que le nombre en a été fixé pour chaque district par la Commission du cadastre.

Le président et le taxateur du district acquièrent l'expérience voulue, en assistant aux estimations-type pour le district.

Le taxateur local change avec chaque commune; c'est à lui qu'est confiée la défense des intérêts de la commune.

Pour l'estimation des maisons, il y aura lieu souvent de s'en référer en partie à la valeur de la construction.

38. Den Vorsitzenden der Schätzungskommissionen und den Distriktsschätzern sowie deren Ersatzmännern ist Gelegenheit zu geben, den Musterabschätzungen in ihrem Distrikte (§ 30 u. folg.) beizuwohnen. Dieselben haben hierbei berathende Stimme.

39. Die Schätzungskommission hat unter steter Rücksichtnahme auf die Mustergemarkung und unter Innehaltung der nach § 31 zulässigen Kulturarten und Klassen für jede Gemarkung ihres Geschäftsbereiches die bestehende Klasseneintheilung und Klasseneinreihung der einzelnen Grundstücke und Gebäude nach Maßgabe des § 30 zu prüfen, zu ergänzen und nöthigen Falles zu erneuern sowie nach Maßgabe des § 36 die Reinerträge für die einzelnen Kulturarten und Klassen und für die nicht in Klassen eingereihten Gebäude zu ermitteln.

40. Die Thätigkeit der Schätzungskommissionen unterliegt der Aufsicht der Kommission der Landesschätzer in der Weite, daß jeder Landesschätzer die Einschätzung in dem ihm vom Vorsitzenden zugetheilten bestimmt abgegrenzten Landestheile zu überwachen und an einzelnen Abschätzungsgeschäften mit berathender Stimme Theil zu nehmen hat.

41. Die Schätzungsergebnisse werden von der Kommission der Landesschätzer in Bezug auf ihre Gleichmäßigkeit und Richtigkeit geprüft.

Die von ihr als erforderlich angeordneten Nachschätzungen sind unter Leitung des jedesmal vom Vorsitzenden zu bestimmenden Landesschätzers durch eine bei der ersten Schätzung nicht betheiligte Kommission vorzunehmen, deren Vorsitzender und Distriktsschätzer von der Katasterkommission bestimmt, und deren Ortsschätzer vom Gemeinderath neu gewählt wird.

42. Die Kommission der Landesschätzer ist befugt, die von den Distriktsschätzungskommissionen ermittelten Reinertragssätze

§ 38. Die Betheiligung der Distriktsschätzer an den Musterabschätzungen ist nur fakultativ, aber sehr wünschenswerth; es empfehlt sich ebenfalls den Ersatzmännern Gelegenheit zu geben, den bezeichneten Schätzungen beizuwohnen.

§ 42. Die Kommission der Landesschätzer ist berechtigt, die einzelnen Schätzungsergebnisse zu prüfen, durch Nachschätzungen berichtigen zu lassen

38. Les présidents des Commissions d'évaluation et les taxateurs de district, ainsi que leurs remplaçants, doivent avoir l'occasion d'assister aux opérations d'évaluation dans leurs districts (§ 30 et suiv.). Ils ont voix consultative, s'ils assistent à ces opérations.

39. La Commission d'évaluation vérifie, rectifie et refait à nouveau la classification et les classements des différentes propriétés bâties et non bâties conformément au § 30, en prenant pour base la banlieue-type et en s'en tenant à la culture et aux classes admises selon le § 31 pour chaque banlieue de ses opérations ; elle fixe au besoin dans le sens du § 36 les revenus nets pour les différentes cultures et les classes, ainsi que pour les bâtiments hors classe.

40. Les opérations des Commissions d'évaluation sont soumises à la surveillance de la Commission des taxateurs du pays, en ce sens que chaque taxateur surveille les évaluations dans une partie déterminée du territoire qui lui est spécialement assignée par le président et assiste avec voix consultative à quelques opérations d'évaluation.

41. Les résultats des évaluations sont vérifiés par la Commission des taxateurs du pays, qui examine leur concordance et leur justesse.

Les nouvelles évaluations auxquelles elle croit devoir faire procéder, sont faites sous la direction d'un taxateur du pays spécialement désigné par le président, par une Commission qui n'a pas concouru à la première évaluation ; le président et les taxateurs de district sont désignés par la Commission du cadastre, le taxateur local est choisi par le Conseil municipal.

42. La Commission des taxateurs du pays peut, dans le but d'arriver à l'uniformité indispensable, surélever ou ra-

§ 38. La présence des taxateurs de district aux estimations-type n'est pas indispensable, mais très désirable, ainsi que celle de leurs remplaçants.

§ 42. La Commission des taxateurs du pays est autorisée à vérifier les résultats de chaque estimation, à les rectifier par de nou-

zur Herstellung der erforderlichen Gleichmäßigkeit zu erhöhen oder herabzusetzen. Die vorgenommene Aenderung ist zu begründen; sie wird durch das Ergebniß einer Nachschätzung nicht verhindert.

43. Das Ergebniß der Schätzungen wird von der Katasterkommission geprüft und nach vorhergegangener öffentlicher Bekanntmachung während einer Ausschlußfrist von einem Monat auf dem Bügermeisteramt der eingeschätzten Gemarkung zur Einsichtnahme offen gelegt.

Zu Einwendungen gegen die Einreihung der einzelnen Grundstücke und Gebäude in die Kulturarten und Klassen sind die Eigenthümer und Nutznießer befugt. Gegen die Zahl und Abgrenzung der Klassen (§ 34 Ziffer 1) kann nur der Gemeinderath sowie der Grundbesitzer oder diejenige Gesammtheit von Grundbesitzern, welche mindestens die Hälfte der Fläche der bezüglichen Kulturart oder die Hälfte der in Klassen eingereihten Gebäude besitzt, Einwendungen erheben. Einwendungen gegen den für die einzelnen Kulturarten und Klassen festgesetzten Reinertrag (§ 34 Ziffer 3) stehen endlich nur derjenigen Person oder derjenigen Gesammtheit von Grundbesitzern zu, welche mindestens ein Drittel der Gesammtfläche der bezüglichen Kulturart und Klasse oder ein Drittel der Gebäude der betreffenden Klasse vertritt.

Gegen den Reinertrag der nicht in Klassen eingereihten Gebäude können die Eigenthümer und Nutznießer Einwendung erheben.

Bezüglich der Anbringung und Begründung der Einwendungen greifen die Bestimmungen des § 34 Platz.

---

und endlich diese Ergebnisse nach bestem Ermessen auszugleichen. Diese Ausgleichung ist zur Erzielung möglichster Gleichmäßigkeit im Lande unentbehrlich; sie verlieren ihre Schärfe dadurch, daß die ausgeglichenen Reinertragssätze noch dem Reklamationsverfahren unterliegen, mithin denjenigen, welche sich beschwert fühlen, Gelegenheit geboten wird, ihre Bedenken geltend zu machen.

§ 43. Die Prüfung, Offenlegung und endliche Feststellung der Einschätzungen vollzieht sich wesentlich in denselben Formen wie bei den Musterschätzungen.

baisser le tarif des revenus nets fixé par les Commissions d'évaluation des districts. Les changements opérés sont à motiver ; ces changements peuvent avoir lieu quand même il a été procédé à une seconde évaluation.

43. Les résultats des évaluations sont vérifiés par la Commission du cadastre et exposés, après les publications préalables, pendant un délai péremptoire d'un mois, à la mairie de la banlieue qui en a fait l'objet.

Les propriétaires et les usufruitiers peuvent réclamer contre le classement d'une propriété bâtie et non bâtie dans les classes et natures de culture. Les réclamations contre le classement et la classification (§ 34, n° 1) ne peuvent être soulevées que par le Conseil municipal, le propriétaire ou un ensemble de propriétaires possédant au moins la moitié de la superficie du genre de culture dont s'agit ou la moitié des bâtiments rangés en classes. Les réclamations contre le tarif du revenu net d'une nature de culture et d'une classe (§ 34, n° 3) ne compètent enfin qu'à la personne ou à un ensemble de propriétaires représentant au moins le tiers de la superficie du genre de culture ou de la classe dont s'agit, ou un tiers des bâtiments de ladite classe.

Les propriétaires et les usufruitiers peuvent faire valoir leurs réclamations contre le revenu net des bâtiments hors classe.

Les dispositions du § 34 s'appliquent à la production et à la justification des réclamations.

---

velles estimations et à procéder à la péréquation de ces différents résultats. Cette péréquation est nécessaire pour arriver à l'uniformité dans tout le pays; elle perd une partie de son caractère absolu, si l'on considère que les taxes des revenus nets ainsi égalisées sont encore soumises à la procédure de réclamation, et que chaque personne qui se croit lésée a l'occasion de faire ainsi valoir ses moyens de protestation.

§ 43. La vérification, la communication et le classement ont lieu dans la même forme que les estimations-type.

44. Für die Entscheidung der Einwendungen findet § 35 mit der Maßgabe Anwendung, daß überall da, wo die Kommission der Landesschätzer bereits eine Nachschätzung veranlaßt hatte, eine weitere Nachschätzung nicht erfolgt.

Wird im anderen Falle eine Nachschätzung angeordnet, so ist dieselbe durch eine Kommission zu bewirken, welche in Anwendung des § 41 durch die Katasterkommission zu berufen ist.

45. Nach Beendigung der Einschätzungen und Erledigung der erhobenen Einwendungen wird die Grundsteuerreinertragssumme für die einzelnen Grundstücke und Gebäude, für die Gemeinden, die Bezirke und das Land berechnet.

Auf Grund dieser Reinertragsberechnung ist der aufzubringende Gesammtbetrag der Grundsteuer auf die Bezirke, die Gemeinden und die einzelnen Grundsteuerpflichtigen verhältnißmäßig zu vertheilen.

46. Die Kosten der Grundsteuerausgleichung (§§ 25—45) werden mit Ausnahme der Ersatzleistungen für entstandene Feldbeschädigungen von der Landeskasse getragen. Die genannten Ersatzleistungen fallen den Gemeinden zur Last und sind nach den Bestimmungen in § 9 Absatz 3 zu behandeln.

---

§ 44. Bei der mehr lokalen Bedeutung der Einzelschätzungen ist die Befugniß zur Erhebung von Einwendungen nicht so weit wie bei den Musterschätzungen auszudehnen.

§ 45. Eine nochmalige Offenlegung der berechneten Grundsteuerreinerträge erscheint entbehrlich, da wegen etwaiger Rechenfehler in dem gewöhnlichen, durch die Gesetze vom 2 Messidor VII, 24 Floreal VIII, 21. April 1832 und 4. August 1844 vorgeschriebenen Wege Beschwerde erhoben werden kann.

Die Ausgleichung der von den einzelnen Gemeinden aufzubringenden Grundsteuerhauptsummen läßt sich durch ein einfaches Rechenexempel bewirken, da sich durch Addition leicht die auf das ganze Land entfallende Reinertragssumme ermitteln und aus dem Verhältniß dieser zu der Reinertragssumme der Bezirke und Gemeinden die Feststellung des Antheilverhältnisses bewirken läßt. Sobald die Ergebnisse dieser Ausgleichung vorliegen, wird die Bestimmung in den Artikel 1 und 45 des Gesetzes vom 10. Mai 1838, daß der Bezirkstag alljährlich die direkten Steuern auf die Kreise und der Kreistag auf die Gemeinden zu vertheilen habe, sich für die Grundsteuer einfach in der Weise vollziehen, daß diese Vertheilung nach Maßgabe der durch Zu- und Abgang an steuerbarer Materie eintretenden jährlichen Veränderung der betreffenden Reinertragssumme erfolgt.

44. Le § 35 s'applique aux décisions sur les réclamations, avec la restriction néanmoins que, dans les cas où la Commission des taxateurs du pays a fait procéder à une nouvelle évaluation, il n'y a pas lieu d'en refaire une autre.

Dans le cas où une nouvelle évaluation a été au contraire ordonnée, elle a lieu par une commission à convoquer dans les formes prévues par le § 41.

45. Après l'achèvement de la péréquation et la solution des réclamations, l'allivrement cadastral est calculé pour chaque propriété bâtie et non bâtie, pour les communes, les départements et le pays.

Le contingent général de la contribution foncière est à répartir entre les départements, les communes et les différents contribuables sur la base de ces évaluations du revenu net.

46. Les frais de péréquation de l'impôt foncier (§§ 25-45) sont supportés par le trésor, à l'exception des indemnités pour dommages faits aux champs. Ces indemnités sont à la charge des communes et sont à régler selon les prescriptions du § 9, alinéa 3.

---

§ 44. Les classements particuliers n'ont qu'une importance locale, ce qui permet de ne pas étendre les cas de réclamation aussi loin qu'en cas d'estimation-type.

§ 45. La communication des revenus nets n'est pas nécessaire, puisque les erreurs de calcul peuvent être rectifiées par la voie du recours dans les formes prescrites par les lois du 2 messidor an VII, 21 avril 1832 et 4 août 1844. La détermination du contingent de chaque département et de chaque commune se fera par un calcul très simple, en prenant pour base la somme entière de la contribution directe à fournir par le pays, et en le répartissant d'après le revenu net sur les départements et les communes.

Les opérations de péréquation une fois terminées, les dispositions des articles 1er et 45 de la loi du 10 mai 1838, qui confèrent d'un côté au Conseil général le soin de répartir la contribution directe entre les cercles et de l'autre côté au Kreistag la répartition entre les communes, perdent de leur importance, en ce que toute l'opération se réduira à la fixation du contingent, en tenant compte des modifications qui ont pu survenir dans la matière imposable.

47. An die nach Vollendung der Katasterbereinigung stattfindende Stückvermessung einer Gemarkung (§ 23) hat sich, soweit dies nach dem Ermessen der zuständigen Steuerbehörde nothwendig erscheint, eine Neueinreihung der einzelnen Grundstücke in die nach dem Kataster vorhandenen Kulturarten und Klassen anzuschließen. Die Einreihung erfolgt durch die Steuervertheiler der Gemeinde unter Leitung der zuständigen Steuerbehörde, welche darüber zu wachen hat, daß die Gleichmäßigkeit der Einschätzung den Nachbargemeinden gegenüber nicht gefährdet wird.

Die Ergebnisse der Einreihung werden nach Maßgabe der Bestimmungen des § 43 offengelegt. Die Entscheidung etwaiger Einwendungen steht der Steuerbehörde zu. Gegen den abweisenden Bescheid der Steuerbehörde ist binnen einer Ausschlußfrist von zwei Wochen die Berufung an das Ministerium zulässig. Letzteres entscheidet endgültig.

Nach Beendigung der Offenlegung und Erledigung der erhobenen Einwendungen wird der Grundsteuerreinertrag für die einzelnen Grundstücke neu berechnet und bei der in Gemäßheit des § 45 vorzunehmenden Grundsteuervertheilung in Ansatz gebracht.

Den Steuervertheilern steht für die vorbezeichnete Einreihung der Grundstücke eine Vergütung nicht zu. Die im Uebrigen erwachsenden Kosten werden von der Steuerbehörde beziehungsweise gemäß § 9 letzter Absatz festgesetzt und von der Landeskasse und der Gemeinde je zur Hälfte getragen.

48. Wenn die nach § 47 zu bewirkende Neueinreihung der Grundstücke in die Kulturarten und Klassen des Katasters we-

---

§§ 47 u. 48. Damit verhütet werde, daß durch spätere Einschätzungen eine einseitige Herabminderung der Reinertragshauptsumme einzelner Gemarkungen und damit der Anschein von Grundsteuerüberbürdung entstehe, ist prinzipiell daran festzuhalten, daß bei späteren Gemarkungsvermessungen zunächst nur eine Umrechnung des tarifmäßigen Reinertrages der einzelnen Grundstücke nach Maßgabe des anderweil festgestellten Flächeninhalts erfolge und lediglich insoweit, als die in der Kulturart der Grundstücke

47. S'il est procédé à un arpentage parcellaire d'une banlieue (§ 23) après la clôture des opérations du renouvellement, la nouvelle classification de chaque immeuble se fait d'après la culture et les classes indiquées par le cadastre, en tant que l'administration des contributions compétente le juge nécessaire. Le classement se fait par les répartiteurs do la commune sous la direction de l'administration des contributions, qui veille à ce que l'uniformité des évaluations ne se fasse pas au détriment des communes voisines.

Les résultats du classement sont portés à la connaissance du public dans les formes prescrites par le § 43. Les réclamations sont vidées par l'administration des contributions. L'appel au ministère contre la décision de débouté de l'administration est recevable pendant un délai péremptoire de deux semaines. Le ministère décide en dernier ressort.

Après l'expiration des délais d'exposition et la solution des réclamations, le montant du revenu net est de nouveau calculé pour chaque propriété non bâtie et sert de base à la répartition de la contribution foncière dans le sens du § 45.

Les répartiteurs n'ont droit à aucune indemnité pour ce classement des propriétés non bâties. Les autres frais sont taxés par l'administration des contributions ou en conformité du § 9, dernier alinéa, et supportés par moitié par le trésor et la commune.

48. Lorsque le classement des propriétés non bâties dans les cultures et les classes inscrites au cadastre ne paraît pas possible dans le sens du § 47, à raison des changements survenus dans le mode de culture ou pour d'autres motifs,

---

§§ 47 et 48. Pour éviter que par suite d'estimations ultérieures, il ne s'opère une diminution unilatérale de la somme principale du revenu net dans certaines banlieues, il est absolument nécessaire de ne procéder, à l'occasion d'arpentages ultérieurs, au calcul des revenus nets des parcelles, qu'en prenant pour base les tarifs antérieurement fixés et de les appliquer à la nouvelle contenance des parcelles, en tenant en outre compte des modifications dans la

gen eigetretener erheblicher Aenderung in der Bodenbenutzung oder aus sonstigen besondern Umständen unthunlich erscheint, so kann mit Genehmigung der zuständigen Steuerbehörde eine neue Klassenbildung und Reinertragsermittelung für den nicht überbauten Boden an deren Stelle treten.

Auf die bezüglichen Feststellungen und Ermittelungen finden die vorstehenden §§ 31, 37 letzter Absatz und 40—44 mit der Maßgabe Anwendung, daß die der Kommission der Landesschätzer und der Katasterkommission zugewiesenen Funktionen auf die Steuerbehörde übergehen und daß die Schätzungskommission aus einem von der Steuerbehörde zu bestimmenden Beamten als Vorsitzenden und zwei vom Gemeinderath zu wählenden Mitgliedern besteht. Eines dieser Mitglieder darf in der Gemarkung weder wohnhaft noch begütert sein. Für den Vorsitzenden sowie für jedes Mitglied sind in gleicher Weise Ersatzmänner zu bestimmen.

Den Reinertragsermittelungen sind diejenigen Marktpreise aus den Jahren 1874 bis einschließlich 1885, sowie diejenigen Produkten-, Arbeits-, und Materialpreise zu Grunde zu legen, welche nach §§ 32, 36 bei der Einschätzung der Gemeinde oder des betreffenden Schätzungsdistriktes maßgebend gewesen sind.

Bezüglich der Berechnung der Grundsteuerreinerträge, der anderweiten Vertheilung der Grundsteuer sowie der Festsetzung und Uebernahme der entstehenden Kosten greifen die Bestimmungen des § 47 Platz.

---

eingetretenen Veränderungen dies bedingen, eine Neueinreichung der Grundstücke in die bestehenden Kulturarten und Klassen vorgenommen werde.

Wenn das vorbezeichnete Verfahren sich ausnahmsweise als undurchführbar erweisen sollte, müßte eine Neueinschätzung zugelassen werden.

Die Steuervertheiler werden im Allgemeinen ihre Funktionen als Ehrenamt verrichten.

Die Kosten können der Gemeinde nicht allein aufgebürdet werden, weil das Land ein wesentliches Interesse daran hat, daß die Steuer in möglichst gleichmäßiger und gerechter Vertheilung aufgebracht wird.

il peut être procédé, avec l'approbation de l'administration des contributions compétente, à un nouveau classement et à une nouvelle évaluation du revenu net pour les propriétés non bâties.

Les §§ 31, 37 dernier alinéa et 40-44 s'appliquent aux opérations et informations dont s'agit, en ce sens cependant que les fonctions confiées à la Commission des taxateurs du pays et à la Commission du cadastre sont attribuées à l'administration des contributions directes, et que la Commission d'évaluation se compose d'un fonctionnaire désigné par l'administration des contributions comme président et de deux membres choisis par le Conseil municipal. L'un de ces membres ne peut ni demeurer ni posséder des immeubles dans la banlieue. Il y a lieu de désigner dans la même forme des remplaçants, tant pour le président que pour chaque membre.

Pour la fixation du revenu net, il y a lieu de prendre pour base les mercuriales des années 1874 jusqu'à 1885 inclusivement et les prix des récoltes, frais de culture, semences et autres matières premières (*Materialpreise*), qui ont déjà servi de base, d'après les §§ 32 et 36, pour les évaluations de la commune ou le district d'évaluation dont s'agit.

Les prescriptions du § 47 s'appliquent au calcul du revenu net de la contribution foncière, à la distribution de la part contributive et à la détermination du montant des frais, ainsi que des personnes auxquelles ils incombent.

---

culture et en rangeant les parcelles dans les cultures et classes admises lors des premières opérations d'arpentage.

Une nouvelle estimation serait inévitable dans le cas exceptionnel où il serait impossible de suivre ce mode de procéder.

Les fonctions de répartiteurs sont en général à considérer comme honorifiques.

Il ne serait pas juste d'imposer tous les frais à la commune, le pays ayant un intérêt à ce que les contributions soient réparties d'une manière juste et égale.

III. Fortführung des Katasters.

49. Nachdem das Kataster für eine Gemeinde neu aufgestellt oder ergänzt worden ist (§§ 7 und 19), wird dasselbe im Wege der jährlichen Richtigstellung (Fortführung) bei der Gegenwart erhalten.

50. Zur Sicherung der jährlichen Richtigstellung des Katasters sind die Eigenthümer, Besitzer, Nutznießer, Pächter und sonstige Inhaber von Liegenschaften verpflichtet, den Ladungen zum Erscheinen vor den mit der Katasterfortführung betrauten Beamten auf dem Bürgermeisteramt Folge zu leisten und daselbst die zur Fortführung der Katasterbücher, Karten und Pläne erforderlichen thatsächlichen Aufschlüsse zu ertheilen sowie

---

§ 49. Die eigentliche Fortführung des Katasters in allen seinen Bestandtheilen kann jährlich nur einmal bewirkt werden, weil anderenfalls eine wesentliche Arbeitsvermehrung für die Verwaltung eintreten würde.

§ 50. Um ähnlichen Mißständen vorzubeugen, wie sie das frühere Kataster aufzuweisen hatte, waren Bestimmungen nothwendig, welche es ermöglichen, sämmtliche Katasterurkunden stets mit der Wirklichkeit in Uebereinstimmung zu halten. Im Allgemeinen wird an dem seitherigen Verfahren festgehalten, es werden aber insoweit ergänzende Bestimmungen getroffen, als er für die sichere Fortführung, insbesondere der Karten und Pläne, unbedingt nothwendig ist.

Die Veränderungen werden wie seither in der Regel auf Grund der Mittheilungen, welche die Enregistrementseinnehmereien dem mit der Fortschreibung des Katasters beauftragten Beamten von Amtswegen haben zugehen zu lassen, zur Wahrung gelangen und nur dann, wenn letztere es zur Vermeidung von Irrungen oder aus sonstigen Gründen für nöthig halten, werden die Inhaber der betreffenden Liegenschaften nach vorheriger Vorladung gehalten sein, die etwa weiteren Aufschlüsse zu geben und die nothwendigen Urkunden nachträglich beizuschaffen. Da die Handrisse und Meßbriefe vor ihrer Verwendung der Prüfung Seitens der Vermessungsbehörde unterliegen (§ 52), wird hierdurch die Möglichkeit gewahrt, den mit der Ausstellung der Katasterauszüge betrauten Behörden stets sofort Kenntniß von den vorgekommenen Aenderungen in der Form der Grundstücke zu geben und auf diese Weise die Ertheilung unrichtiger Auszüge und dadurch die Aufnahme unrichtiger Katasterangaben in die während der Zwischenzeit zwischen den Terminen der jährlichen Katasterfortschreibungen errichteten Urkunden zu verhüten.

III. De la conservation du cadastre.

49. Après que le cadastre d'une commune a été renouvelé par un arpentage parcellaire ou une révision (§§ 7 et 19), il est tenu au courant au moyen d'une révision annuelle (conservation).

50. Dans le but d'assurer l'exécution ponctuelle de la conservation, les propriétaires, possesseurs, usufruitiers, fermiers et autres détenteurs d'immeubles sont tenus de donner suite à l'invitation de comparaître à la mairie, devant l'employé chargé de faire les mutations au cadastre, d'y donner les renseignements de fait nécessaires pour la conservation des livres cadastraux, cartes et plans, et de produire les actes, procès-verbaux d'arpentage et plans partiels qui peuvent être nécessaires, sinon ces documents

---

§ 49. La tenue au courant du cadastre dans tous ses détails ne peut s'opérer qu'une fois par an, à moins d'endosser à l'administration un surcroît de travail assez notable.

§ 50. Si l'on veut éviter les inconvénients qu'offre l'ancien cadastre, il est indispensable de prendre des mesures qui permettent de tenir continuellement au courant tous les documents cadastraux. Il n'est rien changé au mode de procéder actuel, mais il est pris les dispositions complémentaires qui paraissent nécessaires pour la conservation certaine surtout des cartes et des plans.

Les mutations se feront comme par le passé sur la foi des renseignements que les receveurs d'enregistrement auront à transmettre à l'employé chargé d'opérer les mutations dans les livres cadastraux, et ce n'est que dans le cas où cet employé croira la mesure utile, pour éviter des erreurs ou pour d'autres motifs, que les propriétaires seront invités par citation préalable à donner les éclaircissements et à produire les titres et documents qui paraissent nécessaires.

Les procès-verbaux d'arpentage et les plans partiels (*Handrisse*) étant toujours soumis à la vérification préalable de l'autorité d'arpentage (§ 52), il devient possible d'informer de suite l'autorité chargée de la délivrance des extraits cadastraux, des changements survenus dans la forme des parcelles, et d'éviter ainsi la délivrance d'extraits inexacts et la transcription de fausses indications du cadastre, dans les actes dressés dans l'intervalle entre deux opérations de mutations cadastrales.

die Urkunden, Meßbriefe und Handrisse beizubringen, widrigenfalls die Herbeischaffung dieser Unterlagen auf Kosten der Säumigen bewirkt wird. Die beigebrachten Unterlagen werden, mit Ausnahme der Meßbriefe und Handrisse, zurückgegeben.

51. In öffentlichen und Privaturkunden, welche die Uebertragung von Liegenschaften zu Eigenthum oder Nutznießung unter Lebenden oder die Theilung oder Verpfändung von Liegenschaften zum Gegenstand haben, sowie in Zwangsvollstreckungsbeschlüssen (§ 4 des Gesetzes vom 24. April 1880, Gesetzblatt, Seite 93) soll die Bezeichnung der Grundstücke und Gebäude nur auf Grund eines Katasterauszuges und, soweit es sich um die Entstehung neuer Grenzlinien handelt, nur auf Grund eines Katasterauszuges und zugleich eines Meßbriefes oder Handrisses nach näherer Vorschrift des § 53 erfolgen. Die Angaben des Katasters einschließlich derjenigen über Größe der Theilstücke sind in der Urkunde vollständig zu wiederholen. Nach Durchführung der Grundsteuerausgleichung sind auch die Reinertragsangaben in die Urkunde aufzunehmen.

Der Katasterauszug ist im Falle privater Beurkundung bei Vorlegung der Urkunde oder der Ausfertigung zur Registri-

---

§ 51. Die Vorschriften des Paragraphen verfolgen den doppelten Zweck, einerseits die Fortführung des Katasters zu sichern und andererseits in den Rechtsverkehr die bisher bezüglich der Bezeichnung der Liegenschaften vermißte Sicherheit einzuführen.

Die Befolgung der Vorschriften für die öffentlichen Urkunden wird im Wege der Dienstaufsicht und Disciplin gesichert. Diese Bestimmungen berühren nicht diejenigen Urkunden, welche in Gemäßheit der Reichsproceßordnungen errichtet werden; es unterliegen demnach jenen Vorschriften von gerichtlichen Urkunden im Wesentlichen nur die von Einzelrichtern auf dem Gebiete der freiwilligen Gerichtsbarkeit aufgenommenen Urkunden und die Beschlüsse im Zwangsvollstreckungsverfahren.

Die Uebernahme des Grundsteuerreinertrages der Liegenschaften in die Urkunden ist von Bedeutung, da dieser Reinertrag einen nicht zu unterschätzenden Anhaltspunkt für Bemessung des Werthes der Liegenschaften bietet.

sont à fournir aux frais des retardataires. Les documents ainsi produits sont restitués, à l'exception des procès-verbaux d'arpentage (*Messbriefe*) et des plans partiels (*Handrisse*).

51. La désignation des propriétés bâties et des propriétés non bâties ne doit être insérée, tant dans les actes publics et privés ayant pour objet une mutation entre vifs d'immeubles, soit en propriété, soit en usufruit, ou un partage d'immeubles, ou une constitution hypothécaire, que dans les ordonnances d'exécution forcée (§ 4 de la loi du 24 avril 1880, *Bull. des lois d'Als.-Lorr.*, p. 93), que d'après l'extrait cadastral, et en cas de changement de limites, d'après l'extrait cadastral et les procès-verbaux d'arpentage ou les plans partiels, dressés en exécution des prescriptions spéciales du § 52. Sont à reproduire textuellement dans les actes, les énonciations du cadastre, y compris celles qui se rapportent à la superficie, ainsi que les indications sur la désignation et la superficie de portions d'immeubles fournies par les procès-verbaux d'arpentage et les plans partiels. La péréquation de l'impôt foncier une fois terminée, les indications sur le revenu net des immeubles doivent également être reproduites dans les actes.

S'il s'agit d'un acte sous seing-privé, l'extrait cadastral est à remettre au moment de la production de l'acte ou de

---

§ 51. Les dispositions du § 51 ont un double but: d'abord celui de la conservation du cadastre, ensuite celui de donner aux transactions immobilières les garanties qui lui ont fait défaut jusqu'à présent.

C'est par voie disciplinaire et de surveillance de la part de l'autorité supérieure qu'est assurée l'exécution des dispositions qui se rapportent aux actes publics. Ces dispositions ne touchent en rien aux actes dressés en exécution des Codes de procédure de l'empire allemand. Elles s'appliquent surtout aux actes judiciaires en matière de juridiction volontaire ainsi qu'aux décisions en matière d'expropriation forcée.

La mention du revenu net dans les actes a une certaine importance, puisqu'elle donne des indications assez précises sur la valeur de l'immeuble.

rung oder zur Eintragung in die Register des Hypothekenamts mit zu überreichen.

Soweit eine Beurkundung des Ueberganges von Liegenschaften zu Eigenthum oder Nutznießung nicht stattfindet, ist der Enregistrementseinnehmerei zugleich mit der Erklärung des Ueberganges ein Katasterauszug und unter der im Absatz 1 bezeichneten Voraussetzung außerdem ein Meßbrief oder Handriß vorzulegen. Die Katasterauszüge, Meßbriefe und Handrisse werden zurückgegeben.

Wer zum Zwecke der Registrirung, der Eintragung in die Register des Hypothekenamtes oder zum Zwecke der Fortführung des Katasters eine im Sinne des Absatz 1 unvollständige Urkunde vorlegt oder die nach Absatz 2 und 3 des gegenwärtigen Paragraphen erforderliche Vorlegung eines Katasterauszuges, Meßbriefes oder Handrisses unterläßt, ist auf Aufforderung der zuständigen Behörde verpflichtet, der letzteren nachträglich eine vollständige Urkunde oder den fehlenden Katasterauszug, Meßbrief oder Handriß binnen angemessener Frist vorzulegen. Die zur Ergänzung beigebrachte Urkunde unterliegt der niedrigsten festen Registrirgebühr.

52. Die Meßbriefe und Handrisse dürfen nur von vereideten Personen, welche ihre Befähigung nachgewiesen und die Ermächtigung der zuständigen Behörde erlangt haben, in vorgeschriebener Form angefertigt werden. Sie unterliegen der Prüfung durch die Vermessungsbehörde.

Ein Meßbrief ist dann anzufertigen, wenn es sich um die Entstehung von Grenzen in stückweise vermessenen Gemarkungen handelt. Der Anfertigung muß die Vermarkung der betreffenden Grenzen vorangehen. Der Meßbrief hat die neuen Grenzen unter Angabe sämmtlicher Meßzahlen und unter Einzeichnung der neuen Grenzmarken zu enthalten.

---

§ 52. Da die in Handrisse und Meßbriefe enthaltenen Angaben in die Urkunden Aufnahme zu finden haben, so ist deren Prüfung durch die Vermessungsbehörde gerechtfertigt.

son expédition à l'enregistrement ou à la conservation des hypothèques.

Lorsqu'une mutation d'immeubles en propriété ou en usufruit n'est pas constatée par un acte, l'extrait cadastral, et en outre un procès-verbal d'arpentage ou un plan partiel dans les cas prévus par l'alinéa 1, sont à remettre au receveur d'enregistrement au moment où se fait la déclaration de mutation. Les extraits cadastraux, les procès-verbaux d'arpentage et les plans partiels sont à restituer.

Celui qui produit un acte incomplet dans le sens de l'alinéa 1, dans le but de le faire enregistrer ou transcrire aux hypothèques, ou d'en faire usage pour la mise au courant du cadastre, ou qui néglige de produire, d'après les prescriptions des alinéas 2 et 3 de ce paragraphe, l'extrait cadastral, le procès-verbal d'arpentage ou le plan partiel, est tenu à produire à l'autorité compétente, sur son invitation, dans un délai convenable, un acte rectifié et complété ou l'extrait cadastral, le procès-verbal d'arpentage ou le plan partiel qui manquent. L'acte dressé pour compléter un acte défectueux est soumis, lors de l'enregistrement, au droit fixe le plus bas.

52. Les procès-verbaux d'arpentage et les plans partiels ne peuvent être dressés dans les formes prescrites que par des personnes assermentées, ayant justifié de leurs capacités et ayant été agréées par l'autorité compétente. Elles sont soumises à un examen devant l'autorité d'arpentage.

Un procès-verbal d'arpentage (*Messbrief*) est à dresser lorsqu'il s'agit de nouvelles limites dans une banlieue réarpentée. Le procès-verbal doit être précédé de l'abornement des nouvelles limites; il doit désigner les nouvelles limites, en indiquant les mesures résultant de l'arpentage et la place des nouvelles bornes.

---

§ 52. Comme les indications fournies par les procès-verbaux d'arpentage et les plans partiels sont inscrites dans les actes, il paraît justifié qu'on les soumette à la vérification préalable de l'autorité d'arpentage.

Wenn Grenzen in solchen Gemarkungen, in denen die Katasterberichtigung durchgeführt worden ist, neu entstehen, so wird ein Handriß gefertigt. Derselbe bringt die Vertheilung der katastermäßigen Fläche und die Lage der neu entstandenen Grenzen insoweit zum Ausdruck, als es zur Fortführung der Katasterpläne erforderlich ist.

53. Die auf Grund eines Meßbriefes in der Karte eingetragenen neuen Grenzen haben hinsichtlich der Besitz- und Eigenthumsverhältnisse der in den Katasterbüchern verzeichneten Inhaber der Liegenschaften die im § 24 Absatz 1 vorgesehene Bedeutung, sofern nicht innerhalb zweier Jahre nach der Vermarkung der Grenzen der Nachweis erbracht ist, daß deren Inhaber über eine andere Grenze sich geeignet oder den Rechtsweg beschritten haben.

Die Vorschrift des § 24 Absatz 3 findet auf die im Absatz 1 bezeichneten Grenzen Anwendung.

54. Zur Aufsicht über die Gemarkungs-, Gewann-, Wege- und Grundstücksgrenzen, zur Besorgung des Setzens der Grenzsteine und sonstigen Grenzmarken sowie zur Feststellung der Kulturveränderungen werden in jeder Gemeinde mindestens vier

---

§ 53. Sollen die in § 24 bezüglich der rechtlichen Feststellung der Grenzen enthaltenen Vorschriften einen bleibenden Nutzen bringen, so müssen dieselben auch auf die später entstehenden Grenzen ausgedehnt werden.

Es ist jedoch die Möglichkeit gegeben, namentlich wegen der nicht seltenen mündlichen Vertragsschließung, sowie der Privatbeurkundung, daß eine neue Grenze ohne Vorwissen des Mitbetheiligten bestimmt und vermarkt werde. Für solche Fälle erscheint es zweckmäßig, daß noch während längerer Zeit die Bestreitung der Grenze im Rechtsweg oder deren vertragsmäßige Aenderung zugelassen werde. Es wurde deshalb an der im § 24 genannten Frist von zwei Jahren auch festgehalten, obwohl eine raschere Verwerthung der Karte hinsichtlich der neuentstehenden Grenzen an sich wünschenswerth wäre.

§ 54. Die Feldgeschworenen sollen Vertrauenspersonen der Bevölkerung wie der Verwaltung sein und werden ihre Funktionen in der Hauptsache als Ehrenamt zu üben haben.

In Gemeinden, welche aus mehreren von einander getrennten

Un plan partiel (*Handriss*) est à dresser lorsqu'il s'agit de nouvelles limites dans les banlieues qui n'ont été que révisées. Cette esquisse doit indiquer le partage de la superficie cadastrale et la configuration des nouvelles limites, en tant que ces indications sont nécessaires pour la mise au courant des plans cadastraux.

53. Les nouvelles limites indiquées sur le plan, d'après les indications d'un procès-verbal d'arpentage, ont la même portée que celle prévue par le § 24, alinéa 1, à l'égard des droits de possession et de propriété des détenteurs des immeubles inscrits dans les livres cadastraux, si la preuve n'est pas rapportée dans l'espace de deux ans après l'abornement des limites, que les détenteurs se sont entendus sur une autre délimitation ou qu'ils ont porté leur action devant les tribunaux.

Les dispositions du § 24, alinéa 3, s'appliquent aux limites dont s'occupe l'alinéa 1.

54. Le Conseil municipal choisit dans chaque commune, pour un temps illimité, parmi les habitants de la commune qui se montrent aptes, au moins quatre commissaires-jurés

---

§ 53. Les dispositions du § 24 sur la valeur juridique des limites ne peuvent être d'une utilité constante, qu'autant qu'elles sont étendues aux limites qui peuvent se produire plus tard.

La possibilité n'est pas exclue cependant, à raison du grand nombre de conventions verbales et de contrats sous-seing-privé, qu'une nouvelle limite soit ainsi fixée et abornée, sans que l'une des parties interessées en ait eu connaissance. Aussi paraît-il équitable de laisser ouverte pendant un temps assez prolongé la voie de l'action judiciaire ou d'autoriser les parties interessées à s'entendre au sujet de nouvelles limites. C'est pour ces motifs que le délai de deux ans prévu par le § 24 a été également inscrit au § 53, bien qu'il parut désirable de pouvoir utiliser dans un délai plus rapproché les cartes, en tant qu'elles indiquent les nouvelles limites.

§ 54. Les commissaires-jurés (préposés au bornage) doivent être les personnes de confiance autant de la population que de l'administration. Leurs fonctions ne sont à considérer en règle générale que comme des fonctions honorifiques.

Pour les communes composées de plusieurs localités distantes

Feldgeschworene vom Gemeinderath aus den hierzu geeigneten Gemeindeangehörigen ohne Beschränkung der Amtsdauer gewählt, vom Kreisdirektor bestätigt und vom Amstrichter auf ihre Dienstobliegenheiten eidlich verpflichtet. Ihre Amtsenthebung kann jederzeit aus Verwaltungsgründen durch den Kreisdirektor ausgesprochen werden.

Das Nähere über die Dienstverrichtungen und Gebühren der Feldgeschworenen wird durch eine besondere Anweisung geordnet.

55. Außer den verpflichteten Feldgeschworenen ist Niemand befugt, Grenzmarken zu setzen, wieder aufzurichten, herauszunehmen oder in ihrer Lage zu verändern.

56. Alle in Gemäßheit der vorstehenden Bestimmungen zum Zwecke der Bereinigung und Fortführung des Katasters sowie der Grundsteuerausgleichung aufgenommenen Urkunden, Karten, Pläne und sonstigen Schriftstücke sind von Stempel und Registrirung befreit.

Ein Gleiches gilt von Katasterauszügen, Meßbriefen und Handrissen, welche in den im § 51 bezeichneten Urkunden und Schriftstücken bezogen oder denselben beigefügt werden.

Ortschaften bestehen, kann es sich empfehlen, für jede Ortschaft besondere Feldgeschworene zu bestellen. Um derartigen Verhältnissen Rechnung tragen zu können, ist von einer Bestimmung über die Zahl der Feldgeschworenen abgesehen worden.

§ 56. Die Bestimmung im Artikel 12 des Gesetzes vom 22. Frimaire VII, nach welcher die Eintragung in die Steuerrolle und die Entrichtung der Grundsteuer das Eigenthum behufs Anforderung der Registrirgebühr genügend nachweist, ist bis zur Abwickelung der Katasterbereinigungsarbeiten außer Anwendung gesetzt. Von einer Nacherhebung von Gebühren und Strafen bei den anläßlich der Katasterbereinigung festgestellten Uebertragungen ist ebenfalls abgesehen, weil andernfalls zu erwarten stünde, daß das Publikum aus Furcht, eine hohe Registrirgebühr und Strafe entrichten zu müssen, sich weniger bereit finden lassen würde, zur Klarstellung der in Betracht kommenden Verhältnisse mitzuwirken. Der Zeitpunkt, bis zu welchem die Gebühren frei und straflos zu lassenden Uebertragungen bewirkt sein dürfen, mußte selbstverständlich für die Vergangenheit ebenfalls beschränkt werden.

(préposés au bornage) comme surveillants des limites de banlieues, de cantons, de chemins et de parcelles, et en outre comme préposés à la pose des pierres bornes ou d'autres bornes, ainsi que de la détermination des changements de culture. Ces commissaires-jurés sont assermentés par le juge cantonal, après que leur nomination est confirmée par le Kreisdirector. Leur révocation peut être en tout temps prononcée, par des motifs administratifs, par le Kreisdirector.

Tout ce qui concerne les fonctions et les honoraires des commissaires-jurés est réglé par une instruction spéciale.

55. Personne n'est autorisé, en dehors des commissaires-jurés, à poser, redresser, enlever ou déplacer des bornes.

56. Tous les actes, cartes, plans et autres documents dressés en conformité des dispositions ci-dessus, à l'effet de servir au renouvellement, à la conservation du cadastre ou à la péréquation de l'impôt foncier, sont dispensés des formalités du timbre et de l'enregistrement.

Il en est de même des extraits cadastraux, des procès-verbaux d'arpentage et des plans partiels, en tant qu'il en est

---

les unes des autres, il sera utile de nommer un commissaire-juré pour chaque localité. Le nombre des commissaires-jurés n'a pas été déterminé par la loi, pour qu'il puisse être tenu compte de toutes les éventualités.

§ 56. La disposition de l'article 12 de la loi du 22 frimaire an VII, qui dit que la mutation d'un immeuble en propriété ou usufruit est suffisamment établie pour la demande du droit d'enregistrement et la poursuite du paiement contre le nouveau possesseur, par l'inscription de son nom au rôle de la contribution foncière et ces paiements par lui faits d'après ce rôle, est provisoirement abrogée jusqu'après la fin des travaux de renouvellement du cadastre. Les mutations d'immeubles constatées à l'occasion du renouvellement du cadastre sont en outre dispensées des droits de mutation et des amendes, parce qu'il est à craindre que le public se montre bien moins disposé à prêter son concours pour éclaircir les faits douteux, s'il est exposé à de forts droits d'enregistrement ou à des amendes. Il a fallu cependant fixer une limite à la dispense des droits d'enregistrement et des amendes pour les mutations d'immeubles opérées dans le passé.

Die in Folge der Katasterbereinigung bewirkte Eintragung eines neuen Besitzers in das Kataster kann von der Enregistrementsverwaltung als Beweismittel für die Uebertragung der bezüglichen Liegenschaften nicht benutzt werden. Werden durch sonstige bei der Katasterbereinigung ermittelte Beweise Uebertragungen festgestellt, welche vor dem 1. Dezember 1883 bewirkt worden sind, so findet eine Nacherhebung von Gebühren und Strafen aus diesem Anlasse nicht statt.

IV. Strafbestimmungen.

57. Wer der ortsüblichen Aufforderung zur Bezeichnung der von ihm benutzten Grundstücke oder den in Gemäßheit dieses Gesetzes an ihn ergangenen Ladungen schuldhafter Weise nicht oder nicht rechtzeitig Folge leistet, wird mit Geldstrafe bis zu fünfzig Mark bestraft.

58. Ein öffentlicher Beamter, welcher bei Aufnahme einer der im § 51 Absatz 1 bezeichneten Urkunden es schuldhafter Weise unterläßt, die vollständige Bezeichnung der Grundstücke und Gebäude nach Maßgabe dieser Vorschrift in die Urkunde aufzunehmen, verfällt für jede dieser Unterlassungen in eine im Disziplinarwege zu verhängende Ordnungsstrafe bis zu dreißig Mark.

Ist in den Fällen des § 51 Absatz 4 der ergangenen Aufforderung innerhalb der bestimmten Frist nicht genügt worden, so wird der Verpflichtete für jede Unterlassung mit Geldstrafe bis zu fünfzig Mark bestraft.

59. Wer unbefugt Grenzsteine oder Grenzmarken setzt, wieder aufrichtet, herausnimmt, oder in ihrer Lage verändert, wird mit Geldstrafe bis zu einhundertfünfzig Mark oder mit Haft bestraft, sofern nicht die Bestimmungen der §§ 274, Nr. 2, und 370, Nr. 1 des Reichsstrafgesetzbuches Platz greifen.

---

§ 57. Ein Verschulden muß immerhin nachgewiesen werden.

§ 58. Die Disciplinarstrafen gegen Notare werden durch das Landgericht ausgesprochen.

fait mention dans les actes et documents désignés au § 51 ou qu'ils y sont annexés.

L'insertion au cadastre d'un autre propriétaire, à l'occasion du renouvellement du cadastre, ne peut être utilisée par l'administration de l'enregistrement comme preuve d'une mutation d'immeuble. Si à l'occasion de ces mêmes opérations on constate par d'autres moyens de preuve une mutation qui aurait eu lieu avant le 1er décembre 1883, il n'est perçu dans ce cas aucun droit de mutation ni infligé aucune amende.

IV. Dispositions pénales.

57 Celui qui, d'une manière fautive, ne se conforme pas en général ou à temps à l'invitation à lui faite dans la forme usuelle, ou à la sommation à lui adressée d'après les prescriptions de la présente loi, de désigner les immeubles qu'il exploite, est puni d'une amende jusqu'à 15 marcs.

58. Le fonctionnaire public qui, d'une manière fautive, omet de reproduire, lors de la passation des actes désignés au § 51 alinéa 1, conformément à ces dispositions, la désignation complète des propriétés bâties et des propriétés non bâties, sera puni pour chaque contravention, par voie disciplinaire, d'une amende d'ordre jusqu'à 30 marcs.

Celui qui ne se conforme pas, dans les délais prescrits, à la sommation qui lui est adressée dans les cas prévus par le § 51 alinéa 4, est puni pour chaque contravention d'une amende jusqu'à 50 marcs.

59. Celui qui, sans en avoir le droit, pose, redresse, enlève ou déplace des pierres bornes ou d'autres bornes, est puni d'une amende jusqu'à 150 marcs ou des arrêts, en tant que les dispositions des §§ 274, n° 2, et 370, n° 1, du Code pénal ne reçoivent pas leur application.

---

§ 57. La peine n'est à prononcer qu'autant que la preuve de la culpabilité est rapportée.

§ 58. Les peines disciplinaires contre le notaire sont de la compétence du Landgericht.

60. Die auf Grund dieses Gesetzes ausgesprochenen Geldstrafen fließen in die Gemeindekasse.

Die nach diesem Gesetze von Privatpersonen zu entrichtenden Kosten beziehungsweise Kostenantheile werden in der für die Erhebung der direkten Staatssteuern geltenden Weise beigetrieben.

V. Schlußbestimmungen.

61. Die Ertheilung der Katasterauszüge erfolgt, nach näherer Vorschrift der Ausführungsbestimmungen (§ 63), durch die Katasterbehörde und die Bürgermeister.

Zur Ertheilung von Kopieen der Karten und Pläne sind lediglich die Katasterbehörde und die von dem Ministerium bezeichneten vereideten Vermessungstechniker befugt.

Ein vom Ministerium festgesetzter Tarif regelt die Höhe der für die Ertheilung der Katasterauszüge und der Kopieen der Karten und Pläne sowie für die Anfertigung der Meßbriefe und Handrisse zu zahlenden Gebühren.

62. Der Zeitpunkt, von welchem ab die Bestimmungen in den §§ 49—55, betreffend die Fortführung des Katasters für die einzelnen Gemeindebezirke, Anwendung finden, wird durch das Ministerium bekannt gemacht.

63. Die Ausführ'ungsbestimmungen zu dem Gesetz erläßt das Ministerium.

---

§ 60. Die Zuweisung der aufkommenden Strafen an die Gemeinde trägt dem Umstande Rechnung, daß die Gemeinde für einen Theil der Kosten des Bereinigungsverfahren aufzukommen hat und entspricht dem allgemeinen Grundsatze der Ordonnanz vom 30. Dezember 1823, betreffend die Einziehung und Vertheilung der Geldstrafen.

§ 62. Die Fortführung des Katasters muß sich unmittelbar an die Vollendung desselben anschließen, wenn die gewonnenen Resu'tate nicht in Frage gestellt werden sollen.

60. Les amendes prononcées en exécution de la présente loi sont versées dans la caisse communale.

Les frais ou portions de frais qui peuvent être dus par des particuliers, en vertu de la présente loi, sont recouvrés d'après les règles admises pour le recouvrement des contributions directes.

V. Dispositions finales.

61. Les extraits cadastraux sont délivrés par l'autorité du cadastre et les maires, en se conformant aux dispositions d'exécution prises par le ministère (§ 63).

L'autorité du cadastre et les techniciens assermentés désignés par le ministère sont seuls autorisés à délivrer des copies de cartes ou de plans.

Un tarif spécial, dressé par le ministère, réglera le montant des frais à percevoir pour la délivrance d'extraits cadastraux et de copies des cartes et plans, ainsi que pour la confection des plans partiels et des procès verbaux d'arpentage.

62. Le ministère publie pour chaque commune l'époque à partir de laquelle les dispositions des §§ 49 à 55, sur la conservation du cadastre, reçoivent leur application.

63. Le ministère est chargé de prendre les dispositions nécessaires pour la mise à exécution de la présente loi.

---

§ 60. Les communes supportant une partie des frais de renouvellement, il est de toute justice que les amendes lui reviennent, d'autant plus que ce principe est déjà posé par l'ordonnance du 30 décembre 1823, sur la perception et le partage des amendes.

§ 62. La conservation du cadastre doit se joindre aux opératons de renouvellement dès qu'elles sont terminées, sinon les résultats obtenus sont de nouveau mis en question.

Gesetz,

vom 6. April 1892

betreffend Abänderung des Gesetzes über die Vereinigung des Katasters, die Ausgleichung der Grundsteuer und die Fortführung des Katasters vom 31. März 1884.

Artikel I.

An Stelle des Abschnitts II (§§ 25 bis 48) des Gesetzes, betreffend die Vereinigung des Katasters, die Ausgleichung der Grundsteuer und die Fortführung des Katasters, vom 31. März 1884 (Gesetzblatt für Elsaß-Lothringen Seite 59) treten folgende Bestimmungen:

II. Ausgleichung der Grundsteuer vermittelst Neueinschätzung der Grundstücke und Gebäude.

25. Für sämmtliche Gemarkungen des Landes findet eine Neueinschätzung des Reinertrages der Grundstücke und des Nutzungswerthes der Gebäude statt.

Die Neueinschätzung der Grundstücke erfolgt in Verbindung mit der Katasterbereinigung (Berichtigung oder Stückvermessung) nach Maßgabe des Fortschreitens dieser Arbeiten. Für Gemarkungen, deren Kataster bereits bereinigt sind, wird diese Neueinschätzung nachgeholt.

Die Neueinschätzung der Gebäude geschieht unabhängig von der Katasterbereinigung und getrennt von der Neueinschätzung der Grundstücke.

Die Leitung der Schätzungsarbeiten liegt dem Direktor der direkten Steuern ob.

Die Inhaber der Liegenschaften sind verpflichtet, die zur Vornahme der Neueinschätzungen erforderlichen örtlichen Erhebungen zu gestatten.

26. Die Kosten der Neueinschätzung der Grundstücke und Gebäude werden mit Ausnahme der Ersatzleistungen für entstandene Feldbeschädigungen von der Landeskasse getragen. Die genannten Ersatzleistungen fallen den Gemeinden zur Last und sind nach den Bestimmungen im § 9 Absatz 3 zu behandeln.

a. Grundstücke.

27. Zum Zwecke der Neueinschätzung der Grundstücke wird die ganze Fläche des Landes nach der Gleichartigkeit der Bodenverhältnisse, der Erhebung über den Meeresspiegel, der Lage und Bewirthschaftungsweise der Feldgüter, sowie der Bevölkerungs- und Verkehrsverhältnisse in eine entsprechende Anzahl von Einschätzungsdistrikten getheilt.

Diese Eintheilung erfolgt durch die Kommission der Landesschätzer (§ 28) auf Vorschlag des Direktors der direkten Steuern.

28. Die Kommission der Landesschätzer besteht aus fünfzehn Mitgliedern einschließlich des Vorsitzenden. Neun dieser Mitglieder werden durch den Landesausschuß gewählt, die übrigen Mitglieder einschließlich des Vorsitzenden, von dem Ministerium bestellt.

Die Kommission faßt ihre Beschlüsse nach Stimmenmehrheit und ist beschlußfähig, wenn mindestens acht Mitglieder anwesend sind.

Sie ist berechtigt, zu ihren Arbeiten jederzeit Sachverständige zuzuziehen. Das Nähere über den Geschäftsgang der Kommission und die Bezüge der Mitglieder und Sachverständigen bestimmt das Ministerium.

29. Die Kommission der Landesschätzer hat nach Feststellung der Einschätzungsdistrikte (§ 27) in jedem derselben die erforderliche Zahl von Gemarkungen auszuwählen, welche thunlichst sämmtliche Bodenarten des Distriktes enthalten und zur Vornahme von Musterschätzungen geeignet sind.

Für diese Gemarkungen (Mustergemarkungen) hat die Kommission der Landesschätzer festzustellen, in wieweit die nach dem

Kataster bestehende Eintheilung des Grund und Bodens in Kulturarten und Klassen und die Einreihung der einzelnen Grundstücke in die Klassen dieser Kulturarten der Gegenwart entspricht.

Je nach dem Ergebniß dieser Feststellungen hat die Kommission entweder die erforderliche Ergänzung und Berichtigung oder eine vollständig neue Klassenbildung und Einreihung der einzelnen Grundstücke in diese Klassen zu veranlassen.

30. Die Eintheilung des Bodens nach seiner dauernden Benutzung (Kulturart) kann nur erfolgen in: Ackerland, Gärten, Rebland, Wiesen, Weiden, Holzungen, Wasserstücke, Oedland, Unland. Die Grundflächen der Gebäude nebst den dazu gehörigen Hofräumen und Hausgärten, soweit letztere nicht über 20 Ar groß sind, bleiben hier außer Betracht und sind nach den Vorschriften der §§ 40 ff. zu behandeln.

Ueber die Zahl der für jede Kulturart höchstens zulässigen Klassen entscheidet die Kommission der Landesschätzer nach Anhörung des Direktors der direkten Steuern.

31. Nach Feststellung der einzelnen Kulturarten und Klassen der Mustergemarkungen jedes Schätzungsdistriktes hat die Kommission der Landesschätzer für jede Kulturart und Klasse des Bodens den Reinertrag auf Grund der Marktpreise aus den Jahren 1880 bis einschließlich 1891 unter Fortlassung des billigsten und theuersten Jahres durch Einzelberechnung zu bestimmen.

Sobald die Mustereinschätzungen in sämmtlichen Schätzungsdistrikten durchgeführt sind, hat die Kommission der Landesschätzer die Ergebnisse derselben einer Prüfung dahin zu unterziehen, ob die für die verschiedenen Schätzungsdistrikte ermittelten Reinerträge unter einander im richtigen Verhältniß stehen. Gegebenenfalls sind die erforderlichen Ausgleichungen vorzunehmen.

32. Die Ergebnisse der Mustereinschätzungen werden von dem Direktor der direkten Steuern nach vorhergegangener öffentlicher Bekanntmachung während einer Ausschlußfrist von einem Monat auf dem Bürgermeisteramt der eingeschätzten

Gemarkung zur Einsichtnahme offen gelegt. Soweit möglich, ist diese Offenlegung mit der in Gemäßheit der §§ 8, 19 vorzunehmenden Offenlegung der Katasterurkunden zu verbinden. Die Reinertragssätze sowie die ihnen zu Grunde liegenden Produkten-, Arbeits- und Materialpreise werden außerdem durch die amtlichen Blätter zur allgemeinen Kenntniß gebracht.

Einwendungen können während der vorbezeichneten Ausschlußfrist entweder dem Direktor der direkten Steuern eingesandt oder bei dem Bürgermeisteramt vorgebracht werden. Dieselben sind zulässig gegen

1. die Zahl und Abgrenzung der Klassen für die verschiedenen Kulturarten,
2. die Einreihung der einzelnen Grundstücke in die Kulturarten und Klassen,
3. die Festsetzung des Reinertrages für die einzelnen Kulturarten und Klassen.

Einwendungen gegen die unter 1 und 2 bezeichneten Punkte können nur von den Eigenthümern oder Nutznießern der Grundstücke erhoben werden. Einwendungen gegen die Reinertragsfestsetzung steht dagegen jedem Grundbesitzer des Landes zu; sie müssen jedoch speziell begründet sein.

33. Die Entscheidung der Einwendung erfolgt auf Antrag des Direktors der direkten Steuern durch die Kommission der Landesschätzer, welche geeignetenfalls eine Nachschätzung veranlaßt.

Gegen die Entscheidung der Kommission der Landesschätzer ist sowohl von Seiten der im § 32 genannten Interessenten, als auch von Seiten des Direktors der direkten Steuern binnen einer Ausschlußfrist von einem Monat die Berufung an das Ministerium zulässig.

Das Ministerium entscheidet endgültig. Soweit bereits eine Nachschätzung vorgenommen worden ist, findet eine solche nicht weiter statt.

Nachdem die Einwendungen gegen die Mustereinschätzungen erledigt sind, werden die Ergebnisse dieser Einschätzungen von der Kommission der Landesschätzer endgültig festgestellt und die Reinertragssätze mit ihren Unterlagen von dem Direktor der direkten Steuern veröffentlicht.

Die Mustereinschätzungen dienen für die Einschätzungen in den übrigen Gemarkungen des betreffenden Schätzungsdistrikts in der Weise als Muster und Anhalt, daß an der Hand der Musterschätzungen sogleich auf den Reinertrag der entsprechenden Kulturarten und Klassen geschlossen werden kann, wenn und soweit nicht ausnahmsweise eine vollständige Einzelberechnung durch besondere Umstände nothwendig gemacht wird.

34. Die Einschätzung in den einzelnen Gemarkungen jedes Schätzungsdistrikts erfolgt durch Schätzungskommissionen. Jede Kommission besteht aus drei Mitgliedern, und zwar einem von dem Ministerium bestimmten Beamten als Vorsitzenden, einem Distriktsschätzer und einem für jede Gemeinde besonders zu bestellenden Ortsschätzer. Bei der Einschätzung von Waldungen kann die Schätzungskommission nach Bestimmung des Direktors der direkten Steuern durch Zuziehung von Sachverständigen mit berathender Stimme verstärkt werden.

Der Direktor der direkten Steuern bestimmt die Zahl der Schätzungskommissionen für die einzelnen Distrikte. Die Kreistage wählen für jeden Distrikt die erforderlichen Distriktsschätzer. Die Ortsschätzer werden von den Gemeinderäthen gewählt. Für jedes Mitglied der Schätzungskommission wird in gleicher Weise ein Ersatzmann bestimmt. Sind die vom Kreistag gewählten Distriktsschätzer nicht in der Lage, ihre Funktionen auszuüben, so beruft der Direktor der direkten Steuern die weiter erforderlichen Distriktsschätzer.

Die Schätzungskommission faßt ihre Beschlüsse nach Stimmenmehrheit. Im Uebrigen werden der Geschäftsgang und die Bezüge der Mitglieder vom Ministerium geregelt.

Den Vorsitzenden der Schätzungskommissionen und den Distriktsschätzern sowie deren Ersatzmännern ist Gelegenheit zu geben, den Musterabschätzungen in ihrem Distrikte (§ 29 ff.) beizuwohnen. Dieselben haben hierbei berathende Stimme.

35. Die Schätzungskommission hat unter steter Rücksichtnahme auf die Mustergemarkung und unter Innehaltung der nach § 30 zulässigen Kulturarten und Klassen für jede Gemarkung ihres Geschäftsbereichs die bestehende Klassenein-

theilung und Klasseneinreihung der einzelnen Grundstücke nach Maßgabe des § 29 zu prüfen, zu ergänzen und nöthigenfalls zu erneuern sowie nach Maßgabe des § 33 die Reinerträge für die einzelnen Kulturarten und Klassen zu ermitteln.

36. Die Thätigkeit der Schätzungskommissionen unterliegt der Aufsicht der Kommission der Landesschätzer, diese hat ferner die Schätzungsergebnisse der einzelnen Distrikte in Bezug auf ihre Gleichmäßigkeit und Richtigkeit zu prüfen.

Die Kommission der Landesschätzer ist befugt, zu diesem Behufe die erforderlichen Nachschätzungen vornehmen zu lassen und die von den Distriktsschätzungskommissionen ermittelten Reinertragssätze zur Herstellung der erforderlichen Gleichmäßigkeit zu erhöhen oder herabzusetzen. Die vorgenommene Aenderung ist zu begründen; sie wird durch das Ergebniß einer Nachschätzung nicht verhindert.

37. Das Ergebniß der Schätzungen wird von dem Direktor der direkten Steuern nach vorhergegangener öffentlicher Bekanntmachung während einer Ausschlußfrist von einem Monat auf dem Bürgermeisteramt der eingeschätzten Gemarkung zur Einsichtnahme offen gelegt. Soweit möglich, ist diese Offenlegung mit der in Gemäßheit der §§ 8, 19 vorzunehmenden Offenlegung der Katasterurkunden zu verbinden.

Zu Einwendungen gegen die Einreihung der einzelnen Grundstücke in die Kulturarten und Klassen sind die Eigenthümer und Nutznießer befugt. Gegen die Zahl und Abgrenzung der Klassen (§ 32 Ziffer 1) kann nur der Gemeinderath sowie der Grundbesitzer oder diejenige Gesammtheit von Grundbesitzern, welche mindestens die Hälfte der Fläche der bezüglichen Kulturart besitzt, Einwendungen erheben. Einwendungen gegen den für die einzelnen Kulturarten und Klassen festgesetzten Reinertrag (§ 32 Ziffer 3) stehen endlich nur derjenigen Person oder derjenigen Gesammtheit von Grundbesitzern zu, welche mindestens ein Drittel der Gesammtfläche der bezüglichen Kulturart und Klasse vertritt.

Bezüglich der Anbringung und Begründung der Einwendungen greifen die Bestimmungen des § 32 Platz.

38. Die Entscheidung der Einwendungen erfolgt durch den Direktor der direkten Steuern. Gegen dessen Entscheidung ist binnen einer Ausschlußfrist von einem Monat die Berufung an das Ministerium zulässig.

Das Ministerium entscheidet, soweit erforderlich, nach Anhörung der Kommission der Landesschätzer und gegebenen Falles nach Herbeiführung einer Nachschätzung, endgültig.

39. Der Zeitpunkt, von welchem ab nach Maßgabe der auf Grund der Einschätzung berechneten Grundsteuerreinerträge für die einzelnen Grundstücke die Gemeinde-Grundsteuer-Hauptsumme auf die einzelnen Grundsteuerpflichtigen zu vertheilen ist, wird durch das Ministerium bestimmt.

Für Gemeinden mit bereinigten Katastern hat das Ministerium die zur Nachholung der Neueinschätzung der Grundstücke erforderlichen besonderen Anordnungen zu erlassen.

b. Gebäude.

40. Jedes der Steuer unterliegende Gebäude mit Einschluß der Grundfläche, sowie des dazu gehörigen Hofraumes und 20 Ar nicht übersteigenden Hausgartens wird nach Maßgabe seines jährlichen Nutzungswerthes zu einer der in dem anliegenden Tarif bestimmten Stufen eingeschätzt.

Trifft der ermittelte Nutzungswerth zwischen zwei Stufen, so ist das Gebäude zu der geringeren einzuschätzen.

41. Den Gegenstand der Einschätzung bilden:

a) die Gebäude, welche ausschließlich oder vorzugsweise zum Bewohnen und nur in Ansehung einzelner Räume zu gewerblichen Zwecken, z. B. zu Kaufläden, Werkstätten u. s. w., benutzt werden, ebenso wie Schauspiel-, Ball-, Bade-, Gesellschaftshäuser und ähnliche Gebäude;

b) solche Gebäude, welche ausschließlich oder vorzugsweise zum Gewerbebetriebe dienen, namentlich Fabriken und Manufakturgebäude, Ziegel-, Kalk- und Gyps-

brennereien, Brauereien und Branntweinbrennereien Hammer- und Hüttenwerke, Schmieden, Schmelzöfen und Mühlen. Bei diesen Gebäuden kommt jedoch nur der Miethwerth des räumlichen Gelasses ohne Rücksicht auf die damit verbundenen Triebwerke oder die darin befindlichen Maschinen und Geräthschaften in Betracht.

42. Ausgeschlossen von der Einschätzung sind:
1. die Gebäude, welche sich im Besitz des Kaisers befinden;
2. die ertraglosen Gebäude, welche dem Reich, Elsaß-Lothringen, den Bezirken oder den Gemeinden gehören und zu einem öffentlichen Dienst oder Gebrauch, sowie zum öffentlichen Unterricht bestimmt sind, selbst wenn sich in denselben Dienstwohnungen befinden;
3. die dem öffentlichen Gottesdienste der Religionsgesellgesellschaften gesetzlich anerkannter Bekenntnisse gewidmeten Gebäude, sowie die bischöflichen Seminarien;
4. die zu Dienstwohnungen der Bischöfe, der Pfarrgeistlichen, der sonstigen mit geistlichen Funktionen bekleideten Personen, sowie der Diener der Religionsgesellschaften eines gesetzlich anerkannten Bekenntnisses bestimmten Gebäude, insoweit dieselben nicht gemiethet sind;
5. die Armen-, Waisen- und Krankenhäuser, welche öffentlichen Körperschaften gehören;
6. die vom Staate als öffentlichen Unterrichtszwecken dienend anerkannten höheren Privatlehranstalten;
7. diejenigen unbewohnten Gebäude, sowie die als selbstständige Gebäude zu betrachtenden Keller, Speicher, Remisen, Scheunen, Ställe u. dergl., welche nur zum Betriebe der Landwirthschaft, insbesondere zur Unterbringung des Wirthschaftsviehes, der Wirthschaftsgeräthe und der Bodenerzeugnisse u. s. w. bestimmt sind;

8. die zu gewerblichen Anlagen gehörigen Gebäude, welche zur Unterbringung der zum Gewerbebetrieb erforderlichen Wagen und Viehgeschirre, sowie als Stallungen für das lediglich zum Gewerbebetrieb bestimmte Zugvieh dienen;
9. die zu Ent- und Bewässerungsanlagen dienenden unbewohnten Gebäude.

43. In größeren Gemeinden, sowie in denjenigen ländlichen Ortschaften, in welchen aus wirklichen Miethpreisen ein zureichender Anhalt für die Feststellung des Nutzungswerths der Gebäude gewonnen werden kann, ist der Nutzungswerth (§ 40) der zu veranlagenden Gebäude mit Einschluß der zu diesen gehörigen Hofräumen und Hausgärten nach dem mittleren jährlichen Miethwerthe derselben festzustellen. Letzterer ist nach den durchschnittlichen Miethpreisen abzumessen, welche innerhalb der dem Veranlagungsjahre unmittelbar vorangegangenen fünf Jahre in der Gemeinde bedungen worden sind. In Ausnahmefällen kann mit Genehmigung der Kommission der Landesschätzer (§ 45) besonderen Verhältnissen Rechnung getragen werden.

44. In den übrigen ländlichen Ortschaften sind behufs Feststellung des Nutzungswerthes der Gebäude neben den Bevölkerungs- und Verkehrsverhältnissen die Größe, Bauart, der Bauwerth und die Beschaffenheit der Gebäude, sowie die Größe und Beschaffenheit der zu den letzteren gehörigen Hofräume und Hausgärten (§ 40) zu berücksichtigen, auch können etwaige Kaufpreise und Sterbfallerklärungen als Anhalt dienen.

Außerdem sind zum Zwecke der Einschätzung die Tarifstufen (§ 40) durch die Kommission der Landesschätzer (§ 45) in drei Hauptklassen einzutheilen und zwar derart, daß in der Regel

a) die Wohngebäude, welche zu ländlichen Grundstücken von so geringem Ertrage gehören, daß deren Besitzer zu ihrem Unterhalt noch anderweiten Verdienst durch Tagelohn oder diesem ähnliche Lohnarbeit suchen müssen, ebenso die Wohngebäude der kleinen Handwerker, Fabrikarbeiter u. s. w.;

b) die Wohngebäude, welche zu solchen selbständigen ländlichen Besitzungen gehören, deren wirthschaftlicher Reinertrag nach ungefährer Schätzung durchschnittlich weniger als 3000 M. jährlich beträgt;

c) die Wohngebäude, welche zu solchen größeren ländlichen Besitzungen gehören, deren wirthschaftlicher Reinertrag auf 3000 M. jährlich oder darüber geschätzt wird;

je eine Hauptklasse für sich bilden.

Diese Wohngebäude dürfen niemals in eine höhere Stufe eingeschätzt werden, als Wohngebäude von gleicher Größe, Bauart und Beschaffenheit in den nächst gelegenen größeren Gemeinden.

45. Zur Wahrung der Gleichmäßigkeit der gesammten Schätzungen wird eine Kommission der Landesschätzer gebildet. Dieselbe besteht aus fünfzehn Mitgliedern, von denen der Vorsitzende und fünf Mitglieder durch das Ministerium ernannt und die übrigen Mitglieder durch den Landesausschuß gewählt werden.

Sie ist beschlußfähig, wenn mindestens acht Mitglieder anwesend sind; bei Stimmengleichheit gibt die Stimme des Vorsitzenden den Ausschlag.

Die Kommission der Landesschätzer hat die allgemeinen Grundsätze, welche bei der Schätzung zu beachten sind, festzustellen; dieselben unterliegen der Bestätigung des Ministeriums. Ferner hat sie die Thätigkeit der einzelnen Schätzungskommissionen (§ 46) in Bezug auf die Richtigkeit und Gleichmäßigkeit der Schätzungen zu beaufsichtigen und ist befugt, zu diesem Zwecke die letzteren zu erhöhen oder herabzusetzen. Die Kommission ist berechtigt, zu ihren Arbeiten jederzeit Sachverständige zuzuziehen. Das Nähere über den Geschäftsgang der Kommission der Landesschätzer und die Bezüge der Mitglieder und Sachverständigen bestimmt das Ministerium.

46. Die Neueinschätzung der Gebäude geschieht innerhalb zu bildender Schätzungsdistrikte durch Kommissionen unter dem Vorsitze besonderer von dem Ministerium zu bestimmenden Ausführungskommissare.

Die Zahl der Mitglieder dieser Kommissionen wird, mit Rücksicht auf den Umfang des Schätzungsdistrikts und die Zahl der dazu gehörigen größeren Gemeinden, von dem Direktor der direkten Steuern bestimmt.

Die Mitglieder werden von dem Kreistag, für solche Gemeinden jedoch, welche einen Schätzungsdistrikt für sich bilden, von dem Gemeinderath gewählt.

Bei der Wahl durch den Kreistag ist darauf zu sehen, daß die dem Schätzungsdistrikt angehörenden größeren Gemeinden angemessen vertreten werden, auch kann einzelnen dieser Gemeinden von dem Direktor der direkten Steuern das Recht beigelegt werden, durch den Gemeinderath ein Mitglied der Schätzungskommission wählen zu lassen.

Die Schätzungskommission faßt ihre Beschlüsse nach Stimmenmehrheit und ist beschlußfähig, wenn mindestens zwei Drittel der Mitglieder anwesend sind. Im Falle der Stimmengleichheit gibt die Stimme des Vorsitzenden den Ausschlag. Das Nähere über den Geschäftsgang der Schätzungskommission und die Bezüge der Mitglieder derselben bestimmt das Ministerium.

47. Das Ergebniß der Schätzungsarbeiten wird den Gebäudeeigenthümern durch Offenlegung der Nachweisungen über diese Arbeiten und durch Zufertigung von Auszügen aus denselben bekannt gemacht.

Diese Auszüge müssen unter näherer Bezeichnung der zur Schätzung gekommenen Gebäude die für diese in Ansatz gebrachten Nutzungswerthe und die Stufe des Tarifs, zu welcher die Gebäude eingeschätzt sind, enthalten.

Die Nachweisungen über die Ergebnisse der Gebäudeeinschätzungen sind auf dem Bürgermeisteramte der Gemeinde während einem Monat zur Einsichtnahme offen zu legen.

Einwendungen gegen die geschehene Einschätzung sind während der Offenlegung schriftlich bei dem Bürgermeister oder binnen einer Ausschlußfrist von einem Monat, vom Beginn der Offenlegung ab, bei dem Ausführungskommissar des Schätzungsdistrikts schriftlich oder mündlich vorzubringen.

Ueber die Einwendungen entscheidet der Direktor der direkten Steuern.

Gegen die Entscheidung desselben kann binnen einer Ausschlußfrist von einem Monat, vom Tage der Bekanntgabe ab, Berufung beim Ministerium erhoben werden. Letzteres entscheidet nach Anhörung der Kommission der Landesschätzer endgültig. Die durch die Untersuchung unbegründeter Berufungen entstandenen Kosten können ganz oder theilweise den Berufenden zur Last gelegt werden.

48. Die Ergebnisse der Schätzung für die einzelnen Gebäude einer Gemeinde werden in ein Gebäuderegister eingetragen, welches bis zur Errichtung der neuen Katasterurkunden an Stelle derselben der Fortführung nach Maßgabe der §§ 49 ff. unterliegt und als Grundlage für die Veranlagung der Gebäudesteuer nach den hierfür zu treffenden besonderen gesetzlichen Bestimmungen zu dienen hat.

Artikel II.

Die Wahlen, welche der Landesausschuß auf Grund des Artikel I §§ 28, 45 vor dem Inkrafttreten dieses Gesetzes vorgenommen hat, sind gültig.

Zu § 41.

Tarif zur Einschätzung der Gebäude.

Stufe.	Jährlicher Nutzungswerth der Gebäude. Mark	Stufe.	Jährlicher Nutzungswerth der Gebäude. Mark	Stufe.	Jährlicher Nutzungswerth der Gebäude. Mark	Stufe.	Jährlicher Nutzungswerth der Gebäude. Mark
1	10	13	250	25	800	37	2 500
2	20	14	275	26	900	38	2 800
3	30	15	300	27	1 000	39	3 100
4	45	16	325	28	1 100	40	3 400
5	60	17	350	29	1 200	41	3 700
6	80	18	400	30	1 300	42	4 000
7	100	19	450	31	1 400	43	4 300
8	125	20	500	32	1 500	44	4 600
9	150	21	550	33	1 700	45	4 900
10	175	22	600	34	1 900	46	5 200
11	200	23	650	35	2 100	47	5 500
12	225	24	700	36	2 300	48	6 000 *

* Jede weitere Stufe steigt um 500 M. jährlichen Nutzungswerths.

Druckerei der „Straßb. Neuesten Nachrichten", vorm. H. L. Kayser.

FSC
www.fsc.org
MIX
Papier | Fördert
gute Waldnutzung
FSC® C083411

Kolibri 360 GmbH
Ferdinand-Jühlke-Straße 7
99095 Erfurt, Deutschland
produktsicherheit@kolibri360.de